I will begin
a small variety shop

はじめよう！
小さな雑貨屋さん

船井総合研究所
佐橋賢治
Kenji Sahashi

Shop case

01

「こころに咲く花」がコンセプト
カラフルな作家さんの作品が店内にいっぱい

＋フラワー

+ flower

Owner

齋藤いつみさん
Itsumi Saito

「前職時代は6店舗ほどを展開していた雑貨屋さんの統括店長をしていました」

自分の「軸」がしっかりした女性。それが＋（アンド）フラワーのオーナー、齋藤さんの印象です。

その会社では「アルバイトから最終的には管理職まで経験させていただきました」とのこと。

その後、自分を見つめ直すために退職。そのときは何をするか考えていなかったといいます。それから半年間、自分は本当に何がしたいのかを考えました。

「単なるお金だけのために働きたくない。自分がいままで経験してきたことをカタチにしたい。組織ではできないような仕事をしたい。そして、雑貨屋さんの接客で感じたような毎日のトキメキを感じ続けたい」、そんな思いがふつふつと湧いてきたのです。それが開業からいまにつながる「軸」になりました。

お店をやるうえでは、前職でお世話になった方々に大きく助けてもらったそうです。

取引があった大好きな作家さんやお世話になったメーカーさんから協力を得て、商品を仕入れることがで

コーナーごとにたくさんのテーマがあります

きました。施工業者も信頼できる人にお願いできたとのことです。
特に当時の部長からは大きな影響を受け、とにかくポジティブで起業家に必要な要素はその人から学んだといいます。

絵本から飛び出たような雑貨たち

一方で、不安もありました。組織の一部分として統括店長の役割を務めるうちに、自分がやりたいことができないようになっていました。
「雑貨屋さんとして自分がやりたいことをやって、しかもしっかりとビジネスとして成立させたい」と齋藤さんは言います。
まだ開業したばかりですが、今後のビジョンは？　と聞くと、「趣味としてやっていくつもりはないです。もちろん、好きなものに囲まれる幸せを感じることも大切ですが、3年後には組織としてできるようになりたいと思っています」。
いまは組織もないたったひとりからのスタートですが、なぜか齋藤さんには、実現するだろうなと思わせる不思議な説得力があります。
「でも、まずは目の前のことを大切にしたいと思います。やはり、今日のお客様、ご近所のお客様が一番大切です。少しずつファンの方が増えていただけたらうれしいと思っています」

Shop info

+flower

東京都目黒区祐天寺1-21-16-C
TEL_03-6303-0690
FAX_03-6303-0691
営業時間_12:00〜19:30
定休日_月曜日
http://www.and-flower.com
http://ameblo.jp/and-flower225/
shop@and-flower.com

Shop data

- 開業年月日：2012年2月
- お店の大きさ：8坪
- 資金調達方法：自己資金
- 家賃：非公開
- 月間売上目標：非公開
- 客単価：2,500円
- スタッフ数：1人

不動産関係費	70万円	……保証金や礼金1カ月など
内外装費	60万円	……業者に依頼
什器・備品	30万円	……在庫管理ソフト10万円含む
商品仕入	20万円	……作家さんとメーカーから仕入れ
運転資金	0万円	
合計	180万円	

で問い合わせがくる作家さんもいらっしゃり、常に新しい作家さんのとの出会いもとても楽しみにしています。

5 今だから言える開業時の苦労は？

苦労を苦労と感じないようにしていました。それはオープンがゴールではなく、スタートだと感じていたので、自分を戒めようとしていたのかもしれません。
常に先を見ておこうと自分自身に言い聞かせていました。

6 お店を続けていくうえで大切なこと

自分なりのビジョンを持つことだと思います。そして自分を信じて、自分の中で大切にしている「軸」からブレないようにすることだと思います。
また、ひとりでやっているので、健康管理も含めて自己管理がとても大切だと思っています。

7 これから開業する人への一言

アルバイトでもいいから雑貨店で働くといろいろと見えてくるかもしれません。
キレイに見える雑貨屋さんの仕事ですが、一通りの仕事を経験してみて、そのときに本当にやりたいと思えるかどうかを考えることも大事なことだと思います。
そして、自分だけの「軸」を考えてみるのも大切なことだと思います。私自身も、「お金だけのための仕事はしたくない。雑貨の接客販売を通してトキメキを感じる仕事をしたい！」という「軸」が決まってからは、ブレなくなったように思います。

Shop space

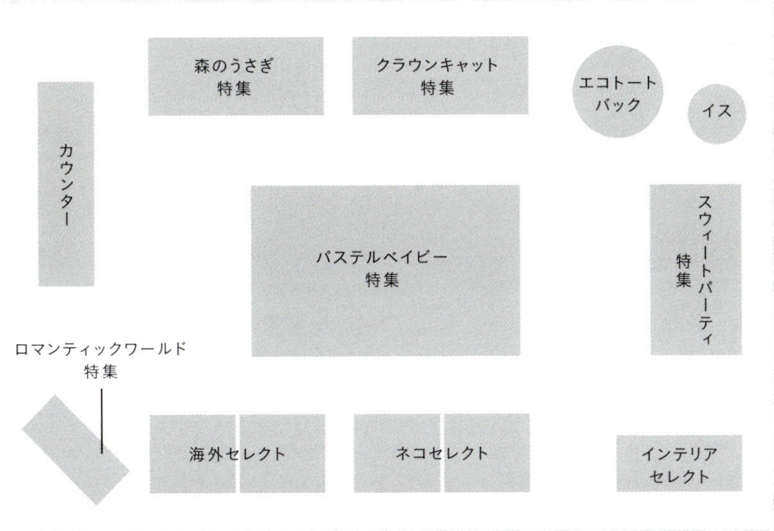

Shop point

1 なぜ開業しようと思ったのですか？

前職では雑貨店数店舗の統括店長をやっており、いろいろな経験をさせていただきました。しかし、いつしか自分自身でその経験をカタチにしたいと思うようになりました。また、年齢的にも自分のペースで仕事をしたいと思いました。

2 お店のコンセプトは？

「こころに咲く花」がコンセプト。普段の日常の中で、こころにささやかな花を咲かせるという意味合いです。「自分は花束ではない。大きなことはできないけれど、ちょっとのトキメキだったら一輪の花でも与えることができる」と思っています。

3 物件選定のポイントは？

まず自分が行きたい場所で、土地勘がある場所に絞りました。そして、想定した売上から家賃比率を考えて、いまのエリアに決めました。
物件は地元の不動産屋さんだけではすぐに見つけにくいものですが、不動産屋さんをネット検索して、電話で他によい物件がないかを聞いたときにこの物件を紹介されてピンときました。

4 商品選定で大切にしていることは？

フェミンでガーリー、キュートな大人な女性がときめく品揃えにしたいと考えています。自分がときめくかどうかも大切です。
作家さんは前職で取引があった一部の方に継続して取引をしていただいています。ブログ経由

Shop case

02

都会に現れたバリ風のオアシス
落ち着いた店内で心も体も癒されます

カユカヤン

kayu-kayan

Owner

神結弘子さん
Hiroko Shinketsu

「とにかく経営者になりたかったんです。祖父も起業家で、親戚も商売をやっている人が多いんです」

まっすぐな目で語るのは「カユカヤン」のオーナーの神結（しんけつ）さん。それまで商売の経験はまったくなかったのですが、「自分の原点に返って商売をしたい！」、そう強く思ったそうです。

「商売の中で何がよいかを考えました。そんな中で、前職の営業の仕事で行っていたのがインドネシア。趣味として買っていた雑貨が日本では値段が高く、しかも現地にあったようなユニークで珍しい優れた商品がなかったんです」

さらに、インドネシアで感じた貧富の差への問題意識が起業への原動力となりました。

しかし、どうやってお店を開いてよいのかわからず、在職時代からいろいろな勉強会に参加するようになったそうです。起業セミナーで起業の計画書を作成したり、雑貨屋さんの開業セミナーに参加したりしました。

やはり、一歩でも進み出すとやりたいことが明確になってくるもの。そこで、神結さんは半年後の9月に

バリ直輸入のアクセサリー

開業という「決断」をしたのです。
そして、退路を断つために、周囲に「半年後にお店を開く！」と宣言して退職しました。
それから開店するまでの6カ月間は怒涛の日々だったといいます。

「5月から物件を探して、6月には契約。7月にはバリに買いつけに行きました。そこでもわからないことだらけ。商品がすべてストックされているわけではなく、注文すると時間がかかると聞いて焦りました」

結局、神結さんが注文したほとんどの商品が到着したのは、なんとお店がオープンする1週間前だったといいます。

オープンを遅らせようかとも思ったそうですが、「完成が60%でもひとまずオープンしよう」ということでなんとか開店にこぎ着けました。

そんな神結さんが大切にしていることがあります。それはあくまで「インドネシア」にこだわるということです。

「お客さんからは、インドやモロッコなどの雑貨も要望があるのです。でも、自分がやりたいのは、インドネシア雑貨。ここだけはこだわっていこうと思います」ということでした。

直輸入ならではのリーズナブルなアタバッグ

©Owl House

Shop info

KAYU KAYAN カユカヤン

埼玉県さいたま市浦和区北浦和1-23-20
田中ビル1F
TEL・FAX_048-826-5840
営業時間_11:00〜19:00
定休日_月曜日
http://ameblo.jp/
kayu-kayan/

Shop data

- 開業年月日：2011年9月
- お店の大きさ：売場面積　4坪（建築面積7坪）
- 資金調達方法：自己資金
- 家賃：非公開
- 月間売上目標：非公開
- 客単価：4,000円
- スタッフ数：1人

不動産関係費	50万円	
内外装費	150万円	……知り合いのデザイン会社に依頼
什器・備品	40万円	
商品仕入	100万円	……買いつけや輸入に関する経費含む
運転資金	20万円	
合計	360万円	

た会社に卸をしてもらえないかとお願いしました。そこからガムランボールやガラス食器など徐々に取引先を増やしていきました。

5 今だから言える開業時の苦労は？

とにかくオープンまでの時間がなかったことです。印刷物などもでき上がっていましたが、ギリギリまでオープン日をズラそうか悩んだほどです。
オープンは9月だったのですが、5月から不動産会社を回り、6月に物件を決定し、7月にバリに買いつけ。8月に内装工事をしたのですが、時間がなく大変でした。
9月のオープン準備も、発注したほとんどの商品が開店の1週間前に到着したり、什器も開店数日前に到着したりなど、とにかくバタバタでした。

6 お店を続けていくうえで大切なこと

コンセプトを大切にするということです。「インドネシアの雑貨」というコンセプトは変えたくないと思っています。インドや中東の雑貨などご要望はあるのですが、そこは大切にこだわっていこうと思います。

7 これから開業する人への一言

やりたいと思ったら、あきらめないでやってほしいと思います。特に長期の準備になると、孤独ですし、何をしていいかわからないのでくじけることもあると思います。勉強会などで仲間をつくって教えてもらいながらやったほうがよいでしょう。時間もお金も余裕がないので、ムダな時間を過ごさないように注意してください。

Shop space

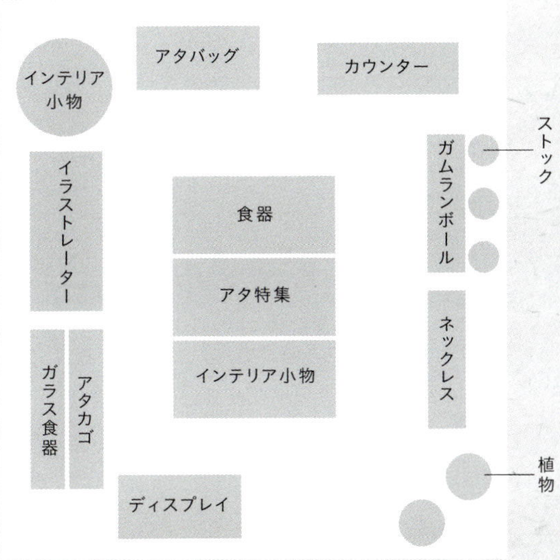

Shop point

1 なぜ開業しようと思ったのですか？

ずっと経営者になりたいと思っていました。ただ、最初から雑貨で起業しようと思っていたわけではありません。

仕事でインドネシアに行き来する中で「フェアトレード」に関心が高まったことと、バリ雑貨が好きだったのですが、まだよい商品が日本にはないと思っていたので、バリ雑貨で起業することを決意しました。

2 お店のコンセプトは？

普段の生活にアジアンスタイルの雰囲気をプラスできる、上質で癒されるバリ&アジアン雑貨を提供する雑貨屋さん。

3 物件選定のポイントは？

土地勘があり、働いていて自分の自由になる収入がある女性などが多いエリアを重視しました。物件は自分で街を歩いて、不動産会社に電話して回りました。

週末は、ネットを見て遠方から車で来られる方も多いので、駐車場がない点が苦労しています。もう少し駅に近くてもよかったかなと思います。

4 商品選定で大切にしていることは？

ユニークさやクオリティの高さを重視しています。検品も厳しくやっています。現地の職人さんにきちんとお金がいくようにバリの現地生産にこだわっています。

仕入先は、以前から自分用に個人輸入をしてい

Shop case

03

Owner

高本圭三さん
Keizo Takamoto

大人のおもちゃ箱をひっくり返したような店内
たくさんの「おもしろい」が濃縮されたお店です

ダレン・アーモンド

darren-almond.

「雑貨店になる夢をかなえるためにはじめたのですが、見たのは悪夢ばかりでした（笑）。お客様がまったく来てくれなくて、1日の売上が8000円という日もありました」

そう屈託なく笑うのは、オーナーの高本圭三さん。「ダレン・アーモンド」は古い倉庫を改造した店舗ですが、場所がとにかくわかりづらく、初めて行く人は絶対に迷うような住宅街の一角にあります。そんな場所のお店にも、平日でもお客様の車が途切れることなく来ています。創業14年、いまでは月商1000万円を超える人気店になりました。

最初はあまりに売れないので「3年でやめよう」と思っていたほど。しかし、「金融機関からの借り入れの返済」があったので、お店をやめるにやめられなかったのだといいます。毎晩チラシを印刷しては、1日1000枚を目標に夫婦でポスティングを繰り返していたそうです。それを創業して7年目まで続けていたということですから、驚きです。

「ダレン・アーモンド」は、5年目で月商300万円になってからというもの、しばらく伸び悩んでいましたが、転機は7年目に起きました。

店内には「何コレ！」という商品がいっぱい

シャンデリアなど
インテリアも充実

創業当初はカフェも併設していましたが、伸びシロがないと判断し、雑貨だけに絞りました。そして、品揃えも一新。「好きな商品」だけに絞ったのです。

それまではメーカーや問屋さんにオススメされるままに、売れ筋ばかりを置いていました。しかし、「どうせ売れないなら、好きなものだけにしたほうが売れなくても納得できる。これでダメならお店を閉めよう」、そう決断したのです。すると、他店にはない「おもしろい商品」を目当てに遠方からも来店、口コミでお客様が殺到するようになりました。「しかし」と高本さんは続けます。「自分だけがおもしろいと思うモノをお客様に押しつけてはいけない。一歩先だと押しつけになるので、半歩先を提案するぐらいがちょうどいい」。

その言葉からはありがちな独りよがりなものではなく、お客様や働いているスタッフを幸せにしたいという思いを感じました。

「自分を信じることは大切。しかし、お客様に受け入れられているかは数字で出る。売上が取れなかったら変化する柔軟性が必要」だという高本さんには、今後も大手チェーンにはできない「おもしろい」お店を追求していってほしいと思います。

Shop info

darren-almond

広島県福山市三吉町南1-7-18
TEL_084-924-5628
FAX_084-924-5651
営業時間_11:00～20:00
定休日_年中無休（年末年始を除く）
URL: http://www.darren-almond.jp
http://ameblo.jp/darren333/
mailto: info@darren-almond.jp

Shop data

- 開業年月日：1998年8月
- お店の大きさ：売場面積38坪（建築面積50坪）
- 資金調達方法：自己資金＋金融機関からの借り入れ
- 家賃：15万円／月
- 月間売上目標：1,000万円
- 客単価：3,500円
- スタッフ数：8人

不動産関係費	60万円	……保証金なし　給排水工事などのみ
内外装費	700万円	
什器・備品	100万円	……什器は自作。安い什器を塗装・改造した
商品仕入	450万円	……当初は半分がカフェだった
運転資金	500万円	……国民生活金融公庫（現日本政策金融公庫）からの借り入れ
合計	1,810万円	

夫婦でやっていたので、離婚届には5回はハンコを押しています（笑）。夫婦で仕事をするものではないと思うこともありますが、夫婦だから給料を支払う心配などもなく、一緒に節約してガマンできました。「もうちょっとだけガマンしよう。あと少しだけ……」をくりかえして、今日までやってきました。

6 お店を続けていくうえで大切なこと

自分を信じること。最初はとにかく「耐える」ことです。でも、じっとしているだけではダメで、お客様が誰もいなくてもディスプレイを変えるなど、常に「変化」が大切。

7 これから開業する人への一言

生活するための仕事としてやるのか？　趣味としてやるのか？　をはっきり決めましょう。夢見て雑貨屋さんをやる時代ではないし、誰でもできるかもしれませんが、生き残るのは厳しい仕事だと思います。

自分だけがよいと思うものを押しつけるのはエゴだと思いますし、お客様と同じ目線でも売れないと思います。美術館のようなかっこつけたお店では売れないですし、誰も幸せにならないと思います。

しかし、私たちは大手のようなお店になってもダメです。いろいろなお店を見ると、大手のほうがよいのでは？　と錯覚してしまいますが、そうではありません。大手に勝てる道を選んでください。自分を信じてください。ただし、売上が上がらなかったときは、柔軟に変化することも大切なことだと思います。

Shop space

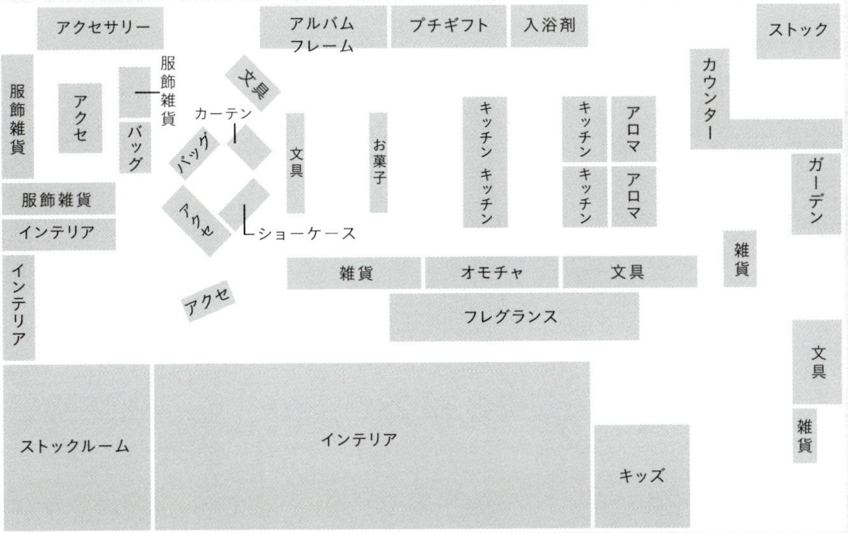

Shop point

1 なぜ開業しようと思ったのですか？

当時は東京の設計事務所に勤務していましたが、最終的には地元で設計事務所を開業したいと思っていました。雑貨店をつくれば、当時のような建設会社の下請け中心にはならず、一般のお客様から設計依頼がくる窓口になるのではないかと考えました。

2 お店のコンセプトは？

「in simplicity, boldness（シンプルな中にも大胆さを）」

3 物件選定のポイントは？

もとは倉庫だった物件で、雰囲気が気に入りました。しかし、立地が住宅地で、商売には向いておらず、100人中100人にバカじゃないかと言われ、止められました。大丈夫と思っていたのですが、数年間は地獄を見ました（笑）。

4 商品選定で大切にしていることは？

好きな商品だけを仕入れて、好きになれない商品は置かないようにしています。好きな商品なら売れなくてもあきらめがつきます。それでダメならお店をやめようとやめることばかり考えていました（笑）。

そして、値段の手頃さを大切にしています。創業当初は3,000円以上の商品は置かないと決めていました。口コミで集客ができてから、単価を上げることで売上も一気に増えました。

5 今だから言える開業時の苦労は？

Shop case

04

約100坪の大きな店内にはナチュラル系雑貨がいっぱい

at home

at home

Owner

星定宏さん・希衣さん
Sadahiro&Kie Hoshi

「お客さんから直接ありがとうと言われる仕事がしたい」、そうした思いから、もともとやっていた食器卸の販売店を生活雑貨店にリニューアルしたのが、国道沿いの大型ナチュラル系雑貨店「at home」です。

「at home」が年に2回開催する「手芸作家さんの展示即売会」は、毎回100人以上の方々がエントリーするほどの名物イベントになりました。また、2010年からは「地元スウィーツ大集合」という話題のイベントも定期的に開催しています。

いまでは人気の「at home」。リニューアルしたきっかけは、お客様の何気ない一言でした。

それは、「ありがとう」でした。というのも、飲食店への卸売では「もっと安く」以外は言われたことがなかったのです。

そのお客様の言葉に全身が震えました。「お客さんに喜ばれる仕事がしたい」、そう感じてすぐにリニューアルの準備をし、2008年の年初にリニューアルすると、いきなり月商が3倍の600万円になりました。最初はキッチン部門が中心でしたが、さらに夏にはアパレルや服飾雑貨を導入。ライフスタイルをトー

スタンプなどハンドメイド作品がつくれる文具も人気

タルで提案できる雑貨店になりました。この頃から月商1000万円を越えるようになりました。

「お店を続けていくうえで大切なこと。それは何のためにやっているのか？　ということです」

人気はナチュラル系のフレグランス

　星さんのお子さんには障がいがあります。星さんのお店を続ける思いは「障がいを持った人が社会と接点を持てる場をつくりたい」ということです。障がいを持った人は健常者とは違う、そんな世間の偏見。障がいを持っている人も持っていない人も、買う人も売る人も一緒に参加できるようなお店、自分の家のような誰もがくつろげるお店、そんなお店をつくりたいというのが星さんの目標です。お店の名前「at home」にもそんな願いが込められているのです。

「世の中に対してどうありたいか、その先の自分がどうありたいかという目標を持ち続けてください」

　開業してから、特に苦労したことはないとおっしゃっていましたが、それは強い目標があったから、しなやかに乗り越えてきたのだと思います。

「at home」は、2011年に150坪の2店目をオープン。そして、2012年10月には300坪クラスの3店舗目をオープンと順調に成長。目標の実現に向けて、がんばっています。

Shop info

Lifestyle Market at home.

【安積本店】福島県郡山市安積1丁目143－2
TEL_024-947-5811　FAX_024-947-5822
営業時間_10:00～19:00
定休日_年中無休(年末年始を除く)
http://aidutoen.365blog.jp/
【イオンタウン郡山店】福島県郡山市松木町2－88
TEL_024-943-2825
営業時間_10:00～21:00
http://athomeaeon.365blog.jp/

Shop data

- 開業年月日:2008年2月
- お店の大きさ:売場面積90坪(建築面積120坪)
- 資金調達方法:自己資金+金融機関借り入れ
- 家賃:0万円(自社物件)
- 月間売上目標:1,200万円
- 客単価:3,000円
- スタッフ数:8人

不動産関係費	1億5,000万円(土地8,000万円・建物7,000万円〈内外装費含む〉)
什器・備品	500万円
商品仕入	2,500万円
運転資金	3,000万円
合計	2億1,000万円

苦労を苦労とは感じませんでした。逆にいまのお店になる前の業務用卸売時代が本当につらかったです。
ただ、やはり集客には時間がかかりました。広告やポスティングをしても、まったく人が来なかったです。しかし、そうしているうちに手芸作家さんイベントなどが当たり、ブログでも集客できるようになりました。

6 お店を続けていくうえで大切なこと

何のためにやっているのか？ 世の中に対してどうありたいか？ という目標が大切です。それがブレると迷いが出ると思います。
私は自分の子どもに障がいがあり、そのような人でも働けるような世間との接点をつくりたいと思いました。買う人も売る人も参加できるお店でありたいと思います。その目標もなく、かっこいいお店をただマネするだけでは続けていくのは難しいと思います。

7 これから開業する人への一言

きれいごとではなく、夢のある商売だと思います。現実は大変だなんてことも言いたくありません。私はとても楽しいと思います。でも、その先の「自分はどうありたいか」という思いを持ち続けないとしんどいと思います。
いまではお店も増え、スタッフもたくさん増えました。私自身も経営者として日々勉強です。その中で店長やスタッフが成長しているのを見ると、本当にこの商売をやっていてよかったと思います。もっとみなさんにもチャレンジをしてほしいと思います。

Shop space

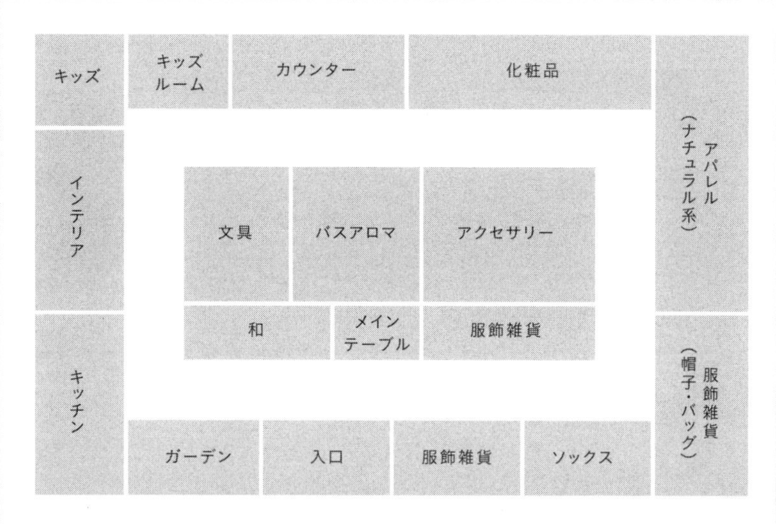

Shop point

1 なぜ開業しようと思ったのですか？

もともとは業務用食器の卸用販売店だったのですが、月商もずっと200万円ぐらいでこのままではダメになると思い、改装して雑貨屋さんをはじめました。たまに来店された一般消費者の方から言われた「ありがとう」という言葉が新鮮で楽しかったことが開業の一番の理由です。もっと喜ばれる商売をしたいと思いました。

2 お店のコンセプトは？

毎日の暮らしをもっと楽しく。卸売をやっていた頃に感じた、一般消費者との商売の楽しさが原点です。

3 物件選定のポイントは？

もともとここで卸売をしていたので、ここしか考えませんでした。駐車場が少ないのが難点でしたが、店前通行量は多いです。

4 商品選定で大切にしていることは？

いつも「客層を広げる」ことを意識しています。より多くの人に雑貨を楽しんでもらうきっかけをつくりたいと思っています。商品は妻が選んでいるのですが、売れ筋重視ではなく、1品1品の色やカタチなどにこだわっていいと思った商品を選んでいます。
2008年夏にアパレル・服飾雑貨を導入し、ライフスタイル提案型のお店になりました。そこからさらに売上が大幅にアップしました。

5 今だから言える開業時の苦労は？

One day of a shop owner

ショップオーナーのある1日

9:00 **出社**　朝からテンションアップ
お店のお掃除スタート。テキパキと作業！

at home
オーナー
星 希衣さん

10:00 **開店**　大きな声でお出迎え
お客様のお出迎え。朝一番が元気だと
1日中調子がいい！

スタッフと
目立つPOPの作成中

11:00 **売場確認**　最高の売り場に！
ディスプレイや売れ筋商品の補充を確認

12:00 **納品**　新商品チェック！
新しい商品が入荷！ 検品チェック

13:00 **昼食**　ホッと一段落
オーガニック野菜のサラダでビタミン補給！

14:00 **商談**　いつも真剣勝負！
人気メーカーの新商品をセレクト

15:00 **売場修正**　今日のニーズに対応！
夕方のお客様に向けて、売り場チェンジ！

16:00 **品出し**　売り場を維持
売れ筋商品の品出しで売り場を完璧に！

ラッピングは
センスの見せどころ

17:00 **接客販売**　ワンポイントアドバイス
会社帰りのOLさんが増え始める時間

20:00 **閉店**　今日も全力投球！
今日も閉店！ よく働きました！

21:00 **退店**　明日も頑張りましょう！
閉店準備も完了！ お疲れ様でした！

Prologue

はじめに

私は2005年頃から、売れる雑貨屋さんづくりのお手伝いをさせていただいています。個人オーナーのお店からチェーン店まで、全国の350店舗以上のお店をサポートしてきました。

雑貨屋さんといえば、女の子の「なりたい職業」に出てくるような職業のひとつですが、実際に開業して、利益を出しながらお店を続けていくのはとても難しいことです。

コンサルティングの現場では、雑誌などで取り上げられているような有名店でも、全然売れていなかったり、商品が売れていても実際は赤字というお店にもたくさん出会ってきました。逆に、順調に売上を伸ばし、利益を出して、お店をどんどん出店し続けている雑貨屋さんもあります。

その違いとは一体何なのでしょうか？

その違いはほんの小さな差です。人気店になるための「ちょっとしたコツ」。それを知らなかったばかりに、大きな苦しみを背負っているお店がいまでもたくさんあるのです。

雑貨屋さんと一口に言っても、取り扱い商品もお店の立地も面積もバラバラ。私自身も雑貨業界のことをまったく知らないところからスタートしました。いろいろと悪戦苦闘しながら、たくさんの遠回りも失敗もありました。

そのような中で、多くのクライアントさんや現場で働いているスタッフさんと、この「ちょっとしたコツ」を一緒につくり上げてきたのです。

私は「ちょっとしたコツ」で、それまで不振だった雑貨屋さんが人気店に生まれ変わる瞬間をたくさん見てきました。

お客様が徐々に増えてきて、お店も利益が出るようになると、オーナーも自信を取り戻し、プライベートも含めた人生そのものが楽しくなります。それが雑貨店コンサルタントである私の喜びであり、全国を飛び回るための活力になるのです。

私のコンサルティングの目的は、「かわいくて、楽しくて、売れて、利益を出せる」雑貨屋さんづくりです。私はそのような雑貨屋さんが、日本中にもっともっと増えていってほしいと思っています。そういうお店が日本を元気にしていくのだと思います。

この本は、私がコンサルティング現場だけでお伝えしている「ちょっとしたコツ」を集めた1冊です。

具体的には、次のような方に読んでいただきたいと思っています。

- これから雑貨屋さんを開業したいと考えている方
- すでに雑貨屋さんを経営している方
- 雑貨屋さんを経営し、思うように売れなくて困っている方
- 雑貨屋さんで働いているすべての従業員の方々
- 雑貨が大好きな方

最初のページから順番に読んでいただいても、目次を見て興味があるところから読んでいただいてもかまいません。できるところからぜひ実行をしてください。

そして、「こんなに成果が出ました！」と教えてください。あなたのお店がお客様で溢れて、たくさんの方に喜んでいただけるお店になることを心から願っています！

最後になりましたが、本書の出版にあたっては、多くの方々に大変お世話になりました。この場をお借りしてお礼を申し上げたいと思います。

同文舘出版株式会社の皆様、編集長の古市達彦さん、そして担当編集者の戸井田歩さんには執筆の遅い私を叱咤激励していただいて、完成までサポートをしていただきました。インタビューや写真掲載などを快く許可していただいたクライアント様や人気店の皆様、ありがとうございました。本書での「ちょっとしたコツ」も皆様のトライ&エラーがなければ、生まれませんでした。

有限会社経営コンサルティングアソシエーション代表取締役社長の宮内亨さん、サトーカメラ株式会社代表取締役専務の佐藤勝人さんには企画段階からアドバイスしていただき、お二人の生き様からも多くのインスピレーションをいただきました。

株式会社船井総合研究所の大先輩であり尊敬する岡聡さん、元上司の三宅達三さん、そして前職の百貨店時代にお世話になった皆さんにはいまの自分の基礎をつくっていただきました。

最後に、いつも私を支えてくれる妻の江里と、愛犬のジオとキラに心より感謝します。

２０１２年５月

株式会社船井総合研究所　佐橋賢治

Contents

はじめよう！ 小さな雑貨屋さん　目次

成功のヒントがいっぱい！ 先輩ショップのモデルケース

はじめに

Part 1 雑貨屋さんはステキな仕事

01 雑貨屋さんは幸せが集まってくる場所 …… 30

02 自分のセンスに共感してくれるファンを増やそう …… 32

03 雑貨屋さんは人に愛される仕事 …… 34

04 あなたの雑貨屋さんが成功する理由 …… 36

Part 2 自分らしいお店のつくり方

01 繁盛店への一番の近道はモデル店の研究 …… 40

02 自分だけのコンセプトをつくろう …… 42

03 あなたのお店のターゲットを決めよう …… 44

04 お店づくりのポイントは「ストーリー性」 …… 46

Contents

05 コンセプトに合った立地選びをしよう……48
06 お店の名前を決めよう……50

Part 3
雑貨屋さん開店までの流れ

01 開業計画は1年前からはじめよう……54
02 開業までにやるべきこと……58
03 「やることリスト」をつくろう……59
04 開業がスムーズにいく開店日の決め方……62
05 雑貨屋さんで修行してスピード成長……64
06 これだけある！　開業にかかる費用……66
07 スムーズな資金調達の方法……67
08 開業に伴う届出と手続き……70
09 営業時間・休日の決め方……72

Part 4
立地・物件選びのポイント

01 立地を選ぶときのポイント……76

Contents

02 不動産屋での物件の探し方……78
03 物件を決める前にやるべきこと……80
04 居抜き物件を借りるときの注意点……82
05 契約前にしっかり家賃の交渉をしよう……84
06 施工業者との付き合い方……86
07 設計・内装はできるだけ自分でやってみよう……88
08 入りたいと思わせるお店の顔づくり……90
09 開店は引き渡しから2週間後が目安……92

Part 5
「らしさ」が伝わる品揃え

01 自分らしい品揃えの基本……96
02 「らしさ」はお客様を考え尽くすと見えてくる……98
03 あなたのこだわりが「自慢の一品」を生む……100
04 季節感を大切にしよう……102
05 集客商品でお客様がたくさん来る！……104
06 人気の雑貨屋さんとはギフトが売れるお店……106

Contents

Part 6 初めてでもできる仕入れの方法

01 仕入れの技術で売上は大きく変わる……110
02 これだけは覚えよう！ 仕入れの基本……112
03 仕入先の探し方……114
04 メーカーや問屋との取引のメリット・デメリット……116
05 取引先に応援されるお店になろう……118
06 作家さんとの上手なお付き合いの仕方……120
07 お店の在庫はどれだけ持つべきか？……122
08 オリジナル商品のメリット・デメリット……124
09 難しい季節商品の仕入れ……126
10 年間売り場カレンダーをつくってみよう……128

Part 7 初めてでも売れる売り場のつくり方

01 入口で差がつくお店の魅せ方……132
02 繁盛店のレイアウトのポイント……134

Contents

03 売り場で使う什器の基本 136
04 棚割をつくろう 138
05 陳列の基本ルール 140
06 思わず欲しくなるディスプレイのコツ 142
07 ＰＯＰにも「らしさ」を出そう 144
08 コンセプトを表現する売り場の演出方法 146

Part 8 お客様が集まる販促のアイデア

01 これだけある！ 販促の種類 150
02 オープン前から販促しよう 152
03 雑貨屋さんのチラシのポイント 154
04 「らしさ」が伝わるホームページのつくり方 156
05 雑貨屋さんにとって一番の販促ツールはブログ 158
06 お客様ともっと仲良しになれるローコスト販促 160
07 お客様に楽しんでもらえるイベントを開こう 162
08 「口コミ」が起きるお店の特徴 164

Contents

Part 9
これだけ知っておけば大丈夫！
数字の基礎知識

01 売上と利益の基礎知識 …… 168
02 お店にとって絶対に必要な売上を知ろう …… 170
03 売上予測をしてみよう …… 172
04 経費をコントロールできるようになろう …… 174
05 お店の家計簿をつけよう …… 176
06 「売れているけどお金がない！」はなぜ起こる？ …… 178

Part 10
オープン後が
本当のスタート

01 開店日がすべてのはじまり …… 182
02 商品を売りきる力をつけよう …… 184
03 接客経験がなくても大丈夫！ …… 186
04 お客様がリピートしたくなる接客術 …… 188
05 自分ひとりで忙しいときはどうする？ …… 190
06 従業員を雇うタイミング …… 192
07 スタッフは家族のように育てよう …… 194
08 あなたが2店舗目を決意するとき …… 196

Book illust
よしいちひろ

Book design+DTP
高橋明香
（おかっぱ製作所）

Part

1

雑貨屋さんは
ステキな仕事

Lesson

01 雑貨屋さんは幸せが集まってくる場所

雑貨屋さんに行くと幸せになるのはなぜ？

雑貨屋さんにはたくさんの幸せが集まってきます。そのお店が好きなお客様、そのお店のオーナーを好きなお客様、そして自分の好きな雑貨に囲まれて仕事をするオーナーなど、お店の中は「好き」で溢れています。

雑貨屋さんほど、オーナーが自分の「好き」に囲まれた幸せな仕事はないのではないでしょうか？　いま活躍されているオーナーも、「雑貨が好き」という気持ちからスタートしています。そして、たくさんの「好き」に囲まれて充実した毎日を過ごしています。

雑貨屋さんでムスッとしている人はいません。かわいい雑貨に出会ったお客様は、誰もが楽しそうです。それでは、そんなお客様がたくさんいらっしゃるお店の中で誰が一番幸せでしょうか？

それは、お店のオーナー自身です。

お客様からたくさんの元気や幸せをもらえる。毎日、前向きな気持ちになれる。それが雑貨屋さんという仕事なのです。

自分の「好き」を仕事にしよう！

「好きなことを仕事にしてはいけない」、「好きなことで成功できるはずがない」、「好きではないことのほうが客観的に仕事ができる」……。もしかしたら、みなさんはこのようなことを言われたこともあるかもしれません。好きなことを仕事にすることに罪悪感を感じる。日本人の多くはいまでもこのような価値観を持っているのかもしれません。

でも、嫌いなことなら成功できるのでしょうか？　嫌いなことを仕事にして幸せなのでしょうか？　自分が嫌いな商品を、お客様に自信を持っておすすめできるでしょうか？　……決してそんなことはありませんよね。

自分が一番輝くためには、「自分の好きなことを仕事にする」。これが自分自身も幸せになり、周囲も幸せにする一番の近道なのです。

雑貨屋さんは、幸せが循環している場所

lesson

02

自分のセンスに共感してくれるファンを増やそう

自分のセンスで人を幸せにできる

自分のお店の売り場にある商品は、もちろんすべて自分がセレクトしています。

「これは絶対にかわいい！」「この雑貨でステキな気分になってほしい！」など、オーナーであるあなた自身がそう感じた雑貨だけが店頭に並んでいるのです。

それってとてもすごいことではありませんか？　もし、あなたが会社員だったとしたら、勤めている会社のオフィスにはあなたの好きなモノがどれだけあるでしょうか？

あなたのお店には自分が好きな雑貨だけがあり、自分がいいと感じた商品にお客様が感激し、共感してくれる喜び。こんなに幸せなことはありません。

もちろん、自分だけが「好き」なだけではいけません。

あなたが選んだ商品を「いいな」と思ってくれて、自分のセンスに共感してくれるファンの人たちを増やすためにも、センスを磨き続けることを忘れないようにしましょう。

雑貨屋さんの商品は「ステキな暮らし」

雑貨屋さんはただ単に商品というモノを販売しているだけではありません。「自分もこんなステキな暮らしがしたい！」と思われるような「暮らし方」そのものを販売しています。

しかも、それは手の届かない高価なものではありません。少し手を伸ばせば、自分のものになる商品がほとんどです。

もちろん、購入せずに見ているだけでも楽しいものですが、お客様は商品を買うだけではなく、お部屋のコーディネートの仕方やセンスのよい生活のイメージを一緒に持ち帰っています。

雑貨は、ひとつひとつは「小さなモノ」が多いですが、私たちの生活を変える「大きな力」を持っているのです。

雑貨屋さんは、自分の「好き」を売る仕事

lesson

03

雑貨屋さんは人に愛される仕事

お客様に季節を知らせる雑貨屋さん

雑貨屋さんほど、人に愛される商売はありません。理由はカンタンです。それは、雑貨屋さんがお客様の生活に「密着」している仕事だからです。

雑貨屋さんの売り場には四季折々の変化があり、お客様の日を楽しませます。春にはピンクの桜の花びらをモチーフとした食器セット、夏には暑さ対策の便利グッズ、11月頭には早くも赤と緑のオーナメントでクリスマス気分いっぱいの華やかな売り場……というように、常にお客様の生活の半歩先を先取りし、提案するのが雑貨屋さんの仕事です。

お客様は、雑貨屋さんで季節の変化を知り、新しい季節にワクワクするのです。

地域の人に愛される雑貨屋さん

そして、季節の訪れを知らせるだけではなく、雑貨屋さんのもうひとつの大きな役割、それは「ギフト」です。

特に、お中元・お歳暮などのフォーマルなものではなく、お誕生日や母の日、クリスマスなどのパーソナルギフトにおいて、雑貨屋さんは大きな力となります。

地域で一番人気の雑貨屋さんKのオーナーは、お客様からびっくりするような話を聞いたそうです。

お客様のお子さんの小学校でクリスマスプレゼント交換会が行なわれたのですが、なんと、30人のクラス全員のプレゼントがすべて同じ雑貨屋さんKの包装紙だったのです!

お客様のお子さん自身は、センスがいいKのプレゼントをもらってとてもうれしそうだったとのことでした。それを聞いたKのオーナーも、踊りたくなるくらいうれしかったそうです。

地域に密着し、お客様に一足早く季節の訪れを知らせ、センスのいい暮らしを提案し、ギフトで大切な人に喜んでもらうことができる雑貨屋さん。

ぜひ、あなたもそのような、お客様から愛される雑貨屋さんをめざしてみてください。

雑貨屋さんは、暮らしに密着している仕事

lesson

04

あなたの雑貨屋さんが成功する理由

あなたも今日からオーナーの仲間入り

雇われ人（会社員）とオーナーの違いとは何でしょうか？　それは、自分が「人生の主役」になるということです。結果も責任も、すべて自分次第なのです。いままで数百人のオーナー・経営者にお会いしてきましたが、オーナーと雇われ人は、１８０度まったく異なります。「蝶と芋虫」ほどの大きな違いと言っても過言ではありません。

雑貨屋さんのオーナーになったばかりのAさんは、このように話していました。

「コピーミス1枚、トイレの電気をつけっぱなしにしただけでも、ムダな経費を使ってしまった！　と気になって仕方がなくなった」

極端に言うと、雇われ人は売上が悪くても、少々ムダな経費が発生しても、自分の生活には大きな影響はありません。けれども、オーナーは違います。1日でも思ったような売上がないと、どん底に落ちたような気分になり、たくさん売れた日は天にも昇るような気持ちになります。

すべてを自分のこととして、受け取り、感じ、喜ぶことができる。それがオーナーの仕事のやりがいなのです。

オーナーはもっともやりがいのある仕事

だから、雑貨屋さんのオーナーは真剣です。これはただ単純に、今日は売上がよかった、悪かったというだけの話ではありません。

自分が好きではじめた雑貨屋さん、自分が全身全霊を込めてはじめた雑貨屋さんです。オーナーは人生のすべてをかけてお店を運営しますし、命がけです。だから、うまくいったときには最高の充実感を味わうことができるのです。

あなたには、自分でも気づいていない能力がまだまだたくさんあります。「雑貨屋さんオーナー」という仕事を通して、心が「スイッチオン！」の状態になれば、最大限の力を発揮することができるはずです。

今日から「雑貨屋さんオーナー」の
スイッチを入れよう!

Part

2

自分らしい
お店のつくり方

lesson

01 繁盛店への一番の近道はモデル店の研究

繁盛店には成功のエッセンスがたくさん！

自分のお店をつくるために、どんなことからはじめたらよいでしょうか？

まずやるべきことは、「モデル店」を徹底的に研究し、そのエッセンスを探ることです。そして、その成功している先輩のお店を参考にして、自分のお店をどうつくるかを考えましょう。

ファンがたくさんいるお店というのは、他店にはない個性を持っているものです。その個性がどこからくるかというと、お店のコンセプトやメッセージだったり、オーナー自身が他店にない特長を持っていたり、他店と似ているけれども、そのレベルがとても高かったりと、さまざまです。

あの雑貨屋さんのどこが好きですか？

まずは、あなたが感じるモデル店の好きなところを文字にしてみましょう。おそらくあなたがそのお店で好きと感じる点は、自分がつくりたいお店と共通している点がたくさんあるはずです。

最初はあまり書き出せないかもしれません。しかし、この作業を続ける中で「気づき力」が高まり、あなたの「好き」がより明確なものになっていくのを感じるはずです。①外観、②売り場、③商品、④接客、⑤サービス、⑥販促など、各項目での「好き」をあげていきましょう。

これが完成する頃には、最初に思い描いていたつくりたいお店が、明確なビジュアルとしてイメージできるようになっているでしょう。

開業を決めたあなたに意識してほしいこと

大好きな雑貨屋さんの「こだわり」を観察してみてください。什器(じゅうき)の塗装であったり、ドアノブであったり、POPの紙質やコメントなど、「ここまで！」というところまでこだわっているものです。

よいお店をつくるオーナーはこだわりが強いですし、これからお店をつくりたいというあなたも、小さなこだわりに気づくことのできる感性をぜひ身につけてほしいと思います。

モデル店には成功するための
エッセンスがいっぱい!

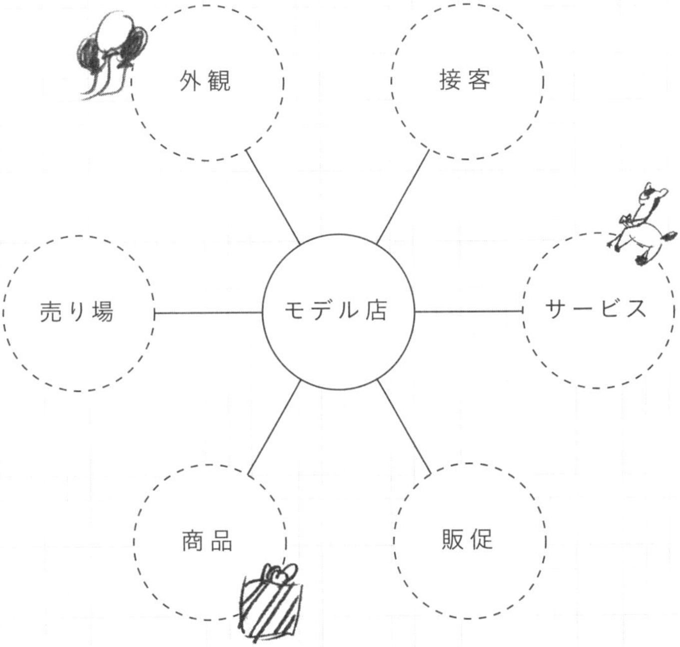

Hint!

- モデル店のどこが好きですか?
- そのお店の「こだわり」はどこですか?

lesson

02

自分だけのコンセプトをつくろう

コンセプトのつくり方

コンセプトとはお店の「道しるべ」です。コンセプトづくりとは自分のお店らしさとは何かを決めることです。やはりよいお店には、よいコンセプトがあります。

コンセプトづくりは①好き、②強み、③お客様、④一番の4つから考え、最後に「メッセージ」をつくります。4つのすべてを無理にバランスよくする必要はありませんが、偏りすぎてもいけません。

たとえば、「強み」だけであれば、商品が売れても「好き」がなくなり、続けるのが苦痛になります。また、「好き」だけでは「強み」がないため、「一番」になりにくく、お客様に支持されるのは難しいでしょう。そして、「お客様」だけでは自分の「好き」がなく、お客様に迎合した売れ筋商品ばかりのお店になってしまうかもしれません。

順序としては、まず自分の「好き」からスタートし、「強み」「お客様」の項目を考えていきましょう。

ブランドになるお店には「一番」がある

「好き」「強み」「お客様」を考えたうえで、自分のお店は何で「一番」になれるかを考えます。人気のお店とは、飛び抜けた何かがあるお店です。お客様は、「一番」があるお店に引きつけられます。

「どこで」「誰にとって」「一番になれるか？」を考えましょう。お客様に「○○といえば、あのお店！」という連想をすぐにしてもらえるかどうかが、人気のお店になれるかどうかの境目です。

そのためには、自店が「一番」になれる分野ができるまで、絞り込みを行なう必要があります。最初からすべてで飛び抜けた「一番」になれるお店はそう多くはありません。まずは自分が「一番」になれるフィールドを見つけること、「一番」になれるまで絞り込んでみることが必要です。

そして最後に一言、伝わりやすい「メッセージ」でまとめると、人の記憶にも残りやすくなります。大変ですが、悩んで悩んで悩み抜いて考えましょう。

コンセプトをつくってお客様に伝えよう

Concept

1 好き

例： バリ島とバリ雑貨が大好き。
インドネシアで感じた貧富の差を
なんとかしたい！

2 強み

例： 前職時代からの人脈と、
そこから広がった独自の仕入れルート

3 お客様

例： 仕事をしている30代の女性で、
年1回は癒しを求めてアジアに
旅行する人

4 一番

例： 通常の日本の販売価格の半分で
売ることができる

Message

例： 普段の生活にアジアンスタイルの雰囲気をプラスできる、
上質で癒されるバリ雑貨のお店

Hint!

まず最初は長くなってもいいので、
人に伝える練習のためにまとめてみましょう。

lesson

03

あなたのお店のターゲットを決めよう

なぜターゲットを決めるの？

お店をつくるうえで「こんな人にお店に来てほしい」「自分の好きを一緒に好きと言ってくれる」という顧客像を決めることが、ターゲットを決めるということです。

お店のコンセプトはしっかり決めても、ターゲットは「20代から30代後半の若い主婦」など、曖昧なままにしているケースも多く見られます。

同じ主婦でも、子どもがいるのか？　いるとしたら、その子どもは何歳なのか？　専業主婦なのかどうか？　……などによって、ベビー用品をどの程度揃えるかなど、品揃えが変わってきます。

ターゲットは「ワンランク上」にする

ターゲットは、本当に狙いたい「たったひとりのお客様」を想定します。このときに注意することは、「ターゲットがリアルすぎてもいけない」ということです。想定ターゲットがリアルすぎると、お店も「夢のない」ものになってしまう傾向があります。実際に購買してくれそうなお客様よりも「ワンランク上」のお客様を想定しましょう。

具体的には、雑誌に載っているオピニオンリーダーとなるようなターゲットを設定します。ワンランク上のお客様は多くの人に影響を与える力を持っているからです。

ターゲットは、なるべく細かく設定しましょう。性別・年齢・職業・収入・住居・家族構成・ファッションの着こなし・こだわり・好み・ライフスタイル・人生観・好きな雑誌など、細かく決めれば、そのターゲットにとってどのようなお店づくり、品揃え、サービスが最適かが明確になってきます。

ターゲットが明確になることによって、品揃えにもブレがなくなってきます。お店ができて、ある程度軌道に乗ってきて取り扱い商品が増えたり、スタッフ数も増えてくると、必ずお店に「迷い」が出てきます。そのときに戻るべきは、お店の「コンセプト」であり、「ターゲット」なのです。

ターゲットはリアルすぎてもいけない

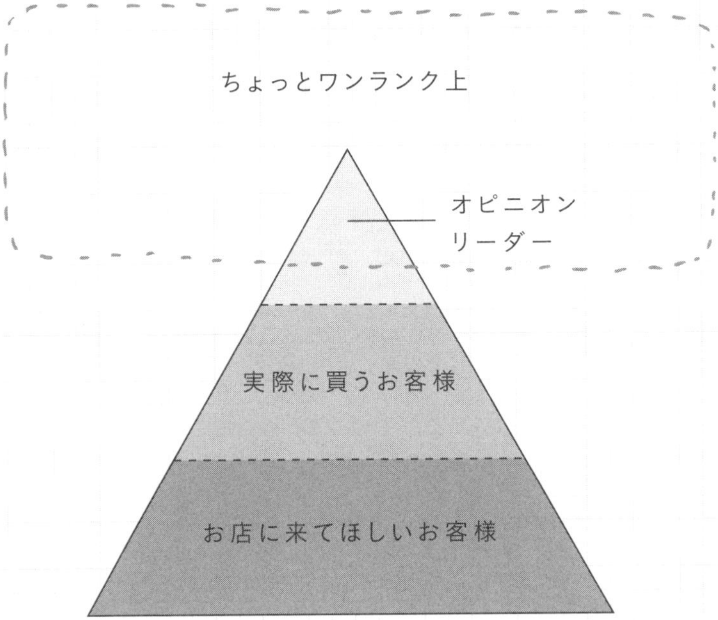

Hint!

- 「ちょっとワンランク上」のお客様を考えましょう。
- お客様は「あこがれ」を買っています。
- たったひとりのお客様を想定しましょう。

lesson

04

お店づくりのポイントは「ストーリー性」

お店づくりは慎重に考えよう

「店舗づくり」は頭を悩ませる大きな問題です。雑貨屋さんの運営でもっとも大切なのは商品構成ですが、それは日々の営業の中で修正可能です。

しかし、店舗づくりはほとんど経験もないうえ、大きな資金がかかりますし、一度できあがってしまうとなかなかつくり直すことはできません。そのため、事前に十分に考える必要があるのが店舗づくりなのです。

お店の「ストーリー」を設定しよう

特に、はっきりした目的のない通行客にとって「入ってみたい！」と感じるのは、お店の内装や看板・ファサード（入口）が重要なポイントになります。

お店が溢れかえっているいま、お客様の関心の対象はモノそのものから、その使い方へ、さらにそのモノを取り巻く世界観やストーリーになってきています。

商品を購入する選択基準が、商品の持つスペックや機能から、伝統や希少性などを含む「価値＝ソフト」に移ってきているのです。店頭では、この価値をビジュアルに表現する必要があります。

まず象徴的なイメージを決めてから店舗づくりを考えはじめると、世界観が明確になり、使用する色や材質などを決めるときにもあまり迷うことなく、統一感のあるお店に仕上げることができます。

たとえば、「森のぬくもりでナチュラルな癒しの空間」「モノトーンのシャープな空間」「１９６０年代のアメリカのバー」などとなるべく具体的にテーマを設定しましょう。

設計士や内装業者に依頼する場合、いざ細かいディテールを聞かれたりするとあわてるものです。

ファサードひとつをとっても、外壁の材質や色・サイン・ライティングなど、お店をはじめる前に「これは」というものを写真に撮ったり、雑誌をスクラップするなどして日頃から情報収集をしておくと、あとで役立ちます。ぜひ実践してみてください。

「らしさ」のある世界観で統一する

テーマ設定

（例）普段の生活にアジアンスタイルの雰囲気をプラスできる
上質で癒されるバリ＆アジアン雑貨のお店

外観
外壁…バリリゾートのエステサロン風
看板…木製ロゴ入りでライティングされている

内装
内壁…落ち着いたベージュの内装
ライティング…落ち着いた間接照明
床…内壁よりも濃いこげ茶
直輸入のバリ産木材を使いたい

什器・備品
什器…バリ風でアンティーク調の使い込んだ
調度品を什器として使う
ディスプレイ…ヤシの木製のトレーなど
備品…熱帯の観葉植物

商品
主力商品…質のよいアタ製品（バックやカゴ）
独自商品…現地の作家さんの絵画

人・サービス
スタッフ…素直で感じがいいスタッフ
接客…押しつけがましくなくお手伝いする

Point

バリの高級リゾートホテルを
日本でも感じてほしい。
内外装のイメージや使う
調度品もバリ風にこだわる。

lesson

05

コンセプトに合った立地選びをしよう

なぜ地方でアジアン雑貨は売れにくいのか？

どのようなコンセプトにするのかは、自分がこんなお店にしたい！　という想いの他に、「客数」「客層」を考える必要があります。

コンセプトは、そのお店の立地周辺の人口が多いかどうかで考えていきます。基本的には、

- ◆人口が多い立地＝とがったコンセプト
- ◆人口が少ない立地＝なじみのあるコンセプトにするとよいでしょう。

飲食店で考えてみると、たとえば、地方でロシア料理屋さんは成り立ちにくいものです。しかし、人口の多い都心であれば、ロシア料理を食べたいという人は、地方よりはたくさんいるはずです。また、銀座にお寿司屋さんを出す場合、回転寿司のお店は出そうとしないでしょう。名店で修行した板前のお寿司屋さんという風になると思います。

売上はコンセプトと立地で決まる

雑貨屋さんの場合でも、人があまり来ないような郊外立地で「アジアン雑貨」のように客層を絞ったり、しかも冬は弱いというような限定的なコンセプトを採用してしまうと、オープンしてからしばらくは集客に非常に苦労するでしょう。売上が上がる前に閉店なんてことになるかもしれません。人口が少ない立地の場合は、比較的なじみがあり、わかりやすい「ナチュラル系雑貨」などのほうがお客様を選ばず、集客に苦労することも少ないでしょう。

逆にファッションビルのようなたくさん人が来る立地では、「とがったコンセプト」が必要です。都会は当然競合が多いので、コンセプトを絞り込んだお店のほうが集客しやすいのです。もし、都会で「ナチュラル系雑貨」を選ぶのであれば、細部までこだわりの非常に強いお店か、独自性のある商品がないと成立することが難しいでしょう。

どのようなコンセプトのお店が売れるかというのは、立地によって大きく左右されます。コンセプトや客層に合った出店立地を選びましょう。

立地別のコンセプトづくりの考え方

[都心]に出店する場合：
ファッションビル・駅ビル・百貨店など

立地の特徴	・不特定多数 ・競争が厳しい
コンセプトの方向性	・とがったコンセプト ・商品を絞り込む ・特徴がはっきりしている
コンセプトのNG	・ありきたりのお店

[地方]に出店する場合：
郊外路面店・商店街・住宅街など

立地の特徴	・特定少数 ・競争は厳しくない
コンセプトの方向性	・なじみのあるコンセプト ・客層を絞り込みすぎない ・扱い商品の幅を広くする ・飽きのこないお店
コンセプトのNG	・とがったコンセプト ・客層を極端に絞り込む

lesson

06

お店の名前を決めよう

意味・由来を語れるようにしよう

ショップ名は、自分の子供に名前をつけるようなものです。呼びやすく覚えやすい名前をつけることはもちろんですが、それだけでお店がイメージできるような名前をつけましょう。

お店の名前の意味や由来は、意外とよくお客様から聞かれます。お客様や取引先にも熱く語ることができるように、オーナーの想いやコンセプトを表現しているオリジナリティある名前がよいでしょう。ただし、長すぎたり、複雑すぎたりする名前だと覚えてもらいにくくなるので、気をつけてください。

インターネット検索の対策をしよう

一方で、あまりにも簡単すぎる名前も困ったことが生じます。たとえば、「ROSE」（ローズ）のように簡単すぎると、①普通すぎてお客様の印象に残らない、②インターネット検索の上位に現れにくいという問題が起きてしまいます。

特に②は深刻です。いまの時代にお店のホームページやブログがインターネット検索で上位に表示されないということは、お店が存在しないのと同じです。名前を決める場合は、インターネット検索を想定して名前をつけるようにしましょう。英字・カタカナ・ひらがななど表記によっても検索されやすさは異なります。

名前が決まったらロゴにしよう

お店の名前が決まったら、それを「ロゴ」にしましょう。ロゴは、店舗の看板や、ショッピングバッグ・ショップカード、名刺などに必要になります。単なる文字だけよりもお店のイメージが直感的に伝わりやすくなり、お客様の印象に残りやすくなります。

ロゴの作成は自分で手描きしたり、好きなイラストレーターさんに書いてもらったりとさまざまです。地元の印刷業者や、ネット上のロゴ専門作成業者に依頼する方法もあります。

ロゴもショップ名と同様にあなたのお店の顔になります。コンセプトに合ったロゴをつくりましょう。

お店の名前を決めるときのポイント

Check!

- 名前の意味・由来を熱く語れる □
- お店のイメージと語感が合っている □
- 名前にオリジナリティがある □
- 長すぎたり、複雑すぎない □
- 聞いてすぐに覚えることができる □
- 簡単すぎない □
- 同じ名前の同業他社・異業種がいないか調べる □
- 表記方法を考える（英語・カタカナ・ひらがな） □

↓

ロゴマークを作成しよう！

（例）

Lifestyle Market
at home.

店名は家のようにくつろげるお店という意味。
明日も頑張ろう！　と思ってもらえるような癒されるお店をめざし、
「復活」「再生」という意味がある蝶をポイントに。
また、そんな生活を提案するお店ということで、
「lifestyle Market」とサブタイトルをつけた。

Part

3

雑貨屋さん
開店までの流れ

lesson 01

開業計画は1年前からはじめよう

開店日を決めてスタートしよう！

開店日は具体的に決めるようにしてください。「雑貨屋さんができたらいいな」といった漠然とした夢ではなく、開店を現実的に進めるためには、何月何日の何曜日というところまで決めます。

多くの開業希望者の方は、開店日を決めるととたんにキュッと引き締まった顔になります。開業に向けての「スイッチ」が入った状態です。この瞬間から意識が変わり、普段の行動までもが大きく変わります。

スイッチが入った状態になると、いままでとはものの見方が変わります。なんとなく街に出かけていたのが、「このお店は自分のお店の参考になる」「このサービスは真似できる」「このショッピングバッグを参考にしてみよう」など、すべての情報が自分のお店をオープンするための「肥やし」になる状態になります。自分が接するすべての情報から、学ぶことができるようになるのです。

開店日を決めることで、「夢が走り出す」状態になります。開店までの1年間で想いや情熱を熟成させていきましょう。

余裕を持って計画しよう

「雑貨屋さんを開きたい！」と思い立ってから、まず最初に何をしなければならないでしょうか？

それは、まず開店日を決めることです。できれば思い立ってから開店まで1年間はあるとよいでしょう。1年間あれば物件探しからお店づくり、品揃えなど開業までに必要な準備が十分にできるはずです（開業までの流れは56・57ページを参照）。

特に時間をかけたいのは、物件探しです。「立地や面積・形状など自分の理想にピッタリ！」という物件はすぐには見つからないことが多いのです。

また、物件は、一度決めたら簡単に変更できるものではありません。物件選びは妥協しないで決めたいところです。そのためにも、なるべく余裕を持って開店までのスケジュールを組んでいきましょう。

開業計画のための棚卸シート

Q.1　いつオープンしますか？

_____年_____月_____日_____曜日

Q.2　あなたがモデルとするお店は？

____

Q.3　あなたがやりたいお店を一言で言うと？

____

Q.4　どのエリアに出店したいですか？

____

Q.5　お店のイメージ・大きさは？

____

Q.6　費用はいくらくらいかかるイメージですか？

__________万円

Q.7　資金はどうしますか？

____

Q.8　家族や周囲の人が反対したらどうしますか？

____

Q.9　あなたはなぜ、雑貨屋さんをやりたいのですか？

____

Q.10　成功させるために、いまから何をしますか？

____

開業までの流れ

Start!

開店日を決める

開店日を決めることが本気モードになるスイッチ！

スケジュールづくり

開店までのやることを決めて、スケジュールを決めましょう。

Concept

コンセプトを決める

どんな雑貨屋をやりたいかをまず決めましょう。

お店のイメージづくり

自分のつくりたいお店のイメージをおおまかにつくりましょう。

同業者の店舗視察

自分と同じタイプのお店をたくさん視察して勉強しましょう。

モデル店を決める

自店の「先生」となるお店を決めて、徹底研究しましょう。

出店立地を決める

大体でよいので、どのエリアに出したいかを決めます。

資金調達の計画

お店のタイプや立地・規模が決まれば、必要な資金が決まります。

雑貨屋さんで修行

時間に余裕があれば、先輩雑貨店で修行させてもらいましょう。

物件を探す

現地を歩いたり、不動産屋を訪ねてみます。

Merchandising!

1. **店舗づくりのイメージ**
   詳しく店舗の内外装のイメージをつくります。
2. **各種届出・申請**
   銀行口座の開設や電話回線の申し込みなど。
3. **内装・外装工事**
   業者に依頼、もしくは自分で内外装の工事をスタートさせます。
4. **品揃えを決める**
   扱う商品のカテゴリー、メーカー、価格帯などを決めます。
5. **商品の仕入れ**
   メーカーや問屋と商談して、欲しい商品を仕入れます。
6. **備品の準備**
   ショッピングバッグ、包装紙、名刺やレジ周りなどの備品を準備します。
7. **販促の準備**
   チラシやWEBを使った販促の手配をします。
8. **売り場づくり**
   什器の手配や商品の荷受け、陳列・ディスプレイをします。
9. **販促**
   事前に準備しておいた販促で開店の告知をします。
10. **開店**
    いよいよ開店です！

Promotion!

Open!

lesson 02

開業までにやるべきこと

開きたいお店を具体的に描こう

いつオープンするか決めたら、次に何をすればよいでしょうか?「私のお店」をカタチにするためにやるべきことは、以下の3つです。

① コンセプトを決める

2章で説明したように、コンセプトとは「お客様にどんなお店と思ってほしいか」ということです。

② お店の名前を決める

次に、コンセプトに合った呼びやすい店名を決めます。また、創業の想いなどを込めるとよいでしょう。一般的に、母音(あいうえお)が入ると柔らかいイメージになります。雑貨屋さんには母音が含まれるお店が少なくないようです。

③ モデル店を決める

そして、モデル店を決めます。モデル店とは、自分がお店をつくるにあたっての「教科書」や「先生」のような存在です(2章1項)。

世の中にはすでに活躍している先輩のお店がたくさんあります。長く続いているお店ほど、お客様に支持される理由があります。

自分が開業する際に、このような先輩の情報を活用しない手はありません。直接教えてもらってもよいですし、視察や買い物をたくさんして、勉強をさせてもらいましょう。

「オーナー頭」を養おう

このとき大切なのは、「通い詰める」ということです。お店は生き物ですので、常に変化します。「売り場がなぜ先週から変化したのか?」「オーナーはどのような考えでこうしたのか?」など、通い詰めることで、「自分がオーナーだったらこうするのに」という「オーナー頭」を養うことができるのです。

売り場づくり、仕入先だけではなく、内装や外装、細かいところでは床材や照明、什器はどんなものを使っているかなど、モデル店は成功するための情報の宝庫です。ぜひ、すべてを学び取りましょう。

lesson

03

「やることリスト」をつくろう

計画上手は実行上手

開業の日付を決めたら、次にやることは、

1 「やることリスト」をつくる
2 「やることリスト」に期限を入れる

この2つです。開業が順調にいく人というのは、「計画」が上手な方が多いのです。計画できないということは、当然、実行できないということです。

開業までには、限られた時間と費用でやりくりしなければいけません。特に、脱サラしてはじめる方は、どんどん手持ちの資金が減っていってしまいます。後になって焦らないためにも、「計画づくり」をしっかりとやっておく必要があるのです。

まず「やることリスト」をつくろう

あらかじめ計画を立てることで漏れもなくなりますし、計画の進捗状況を常に把握することができます。まずは60・61ページの表を参考にしながら、開業までにやらなければいけないことを「やることリスト」にまとめてみましょう。

細かく見ていくと、クレジットカード会社への申し込み（通常は3～4週間はかかる）など、「意外と忘れていた！」「こんなこともあるの⁉」とたくさんの気づきや発見があるはずです。

「やることリスト」をスケジュール化しよう

「やることリスト」が完成したら、それぞれに「優先順位」をつけて、「期限」を入れていきます。

人間は自分の好きなことを優先したり、したくないことはやらなかったりするものです。組織で動くときはそれでよくても、自分ひとりではじめる場合は、あなたが「オーナー」でもあり、「従業員」でもあります。あなたがしなければ、他に替わってやってくれる人は誰ひとりいないのです。

「やることリスト」をつくってみて、やることの多さにひるんだ方もいれば、逆に「やるぞ！」と決意を新たにした方もいらっしゃるでしょう。開業に向けて、ひとつずつクリアしていきましょう！

やること	内容	ポイント	チェック	期限
販促	ブログのスタート	開業日記を公開		
	ホームページの作成	最初からムリにつくる必要はない		
	オープン販促の準備	名刺・チラシ・ポスティング準備など		
	ラッピング資材の手配	リボン・包装紙・ギフトボックス		
什器	什器	什器の選定		
		什器の手配		
	陳列備品	陳列什器の選定		
		陳列什器の手配		
その他	銀行口座を開設する	お店用の銀行口座		
	電話回線の申し込み	申し込みだけ早めにする		
	クレジットカードへの申し込み	通常4週間ほどかかる		
	レジの購入	簡単なレジで大丈夫		
	パソコン・FAXを購入	最低限必要		
	値札シールの用意	商品にはついていない		
	文房具などレジ周り用品	売り場で使用する		
売り場オペレーション	人材募集・採用	スタッフ採用		
	POPのルール	種類・サイズ・用途		
	POSセッティング	部門設定とPOS設定		
	帳票をつくる	必要な帳票の選定		
直前準備	商品の検品・値付け	伝票とチェック		
	什器セッティング	什器の組み立てと設置		
	商品陳列	商品の陳列		
	ディスプレイ	商品のディスプレイ		
	レジ操作	新人スタッフのレジ研修		
	ラッピングの練習	新人スタッフの包装研修		
	POP作成	POPの製作		
開業に関する届出	届出によって提出先が異なる	届出別に期限をチェック		

開店までにやることリスト

やること	内容	ポイント	チェック	期限
開店日を決める	1年後	余裕を持って進める		
やることリストの作成	やることのリストアップ	漏れなくあげる		
コンセプトづくり	どんなお店をつくりたいのか	「好き」と「強み」のバランス		
店舗名を決める	雑貨屋さんらしい名前をつける	覚えやすいものにする		
モデル店を決める	参考になるお店を決める	通い詰めることが大事		
モデル店調査	品揃え調査	取り扱い商品・メーカー		
	店舗調査	内装・外装・看板・ファサード		
	販促調査	媒体の種類、販促内容		
	接客・サービス調査	接客レベル・サービス内容		
投資・調達計画	投資金額シミュレーション	少し多めに考える		
	どこから資金を調達するか	自己資金中心に考える		
雑貨屋さんで修行	雑貨屋さんで働かせてもらう	可能であれば実施する		
営業条件を決める	営業時間・休日	あなたのライフスタイルに合わせて		
物件探し	出店エリアを決める	だいたいのエリアを決める		
	不動産屋を回る	できるだけ多くの不動産屋へ		
	候補地の立地環境を調査する	平日と土日の両方を見る		
内外装・工事	事前打ち合わせ	業者にイメージを伝えきる		
	相見積もり	複数から見積もりを取る		
	施工業者の決定	近場で信頼できる業者を選ぶ		
品揃え	取り扱い商品を決める	扱い商品の幅		
	仕入れ・在庫計画	部門別仕入計画の設定		
	仕入先との商談	掛率など取引条件を交渉		
	発注	具体的な発注数の決定		

lesson 04

開業がスムーズにいく開店日の決め方

開店後の経営をラクにする時期はいつ？

開店日をいつにするかどうかで、売上も大きく変わってきます。そこがスムーズにいくかどうかで最初の資金繰りなどにも大きく影響します。

それでは、雑貨屋さんはどの時期にオープンするのがよいのでしょうか？　1年は大きく分けて、「春夏シーズン（3〜8月）」と「秋冬シーズン（9〜2月）」の2つのシーズンがあります。

開店日の理想は、各シーズンの前半〜中盤期間です。各シーズンの大きな流れを見てみると、前半でメーカーから新しい商品がたくさん届き、中盤でしっかりと販売し、終盤でセールなども含めて売り尽くす……という流れになっています。

ですから、開店日は売れる時期の手前に設定するのがベターなのです。

春夏なら前半の3〜4月末、秋冬なら9〜11月初旬ぐらいまでがよいでしょう。この時期ならオープンしてすぐに売れる時期が到来します。

シーズンの後半は要注意

逆に避けるべきは後半の期間です。その中でももっとも売上が低いといわれているのが、「魔の28（ニッパチ）」と呼ばれる2月と8月です。それぞれ春夏の終わり、秋冬の終わりの月なので、メーカーに商品の在庫も少ないため、十分な仕入れも難しく、お客様もその季節の商品を買い尽くした後なので、買い物自体も少なくなります。

つまりこの月にオープンすると売上も上がりにくく、お客様もあまり来ないので、精神的にもつらく、資金繰りも厳しくなります。できれば、この時期は避けてオープンすることが望ましいでしょう。

また、その前の月の7月や1月も、世間はクリアランスの時期なので、避けたほうがよいでしょう。

それ以外では大安や友引などのお日柄のよい日で、オープンに家族やお友達などが駆けつけやすい土日にするとよいでしょう。

開店日にふさわしい時期

春夏

3月	4月	5月	6月	7月	8月
春休み	新生活	G.W.	梅雨	セール	お盆
◎	◎	○	△	×	×

ベスト!（3月〜5月）

できれば避ける（7月〜8月）

秋冬

9月	10月	11月	12月	1月	2月
残暑	秋本番	防寒	クリスマス	セール	大寒
◎	◎	○	△	×	×

ベスト!（9月〜11月）

できれば避ける（1月〜2月）

Hint!

12月はギフト需要により、年間でもっとも忙しい月。
12月よりも前にオープンし、
練習してから迎えるほうがベターです。

lesson

05

雑貨屋さんで修行してスピード成長

雑貨屋さんのオーナー目線で修業しよう

自分のお店を開業する前に時間に余裕があるならば、他の雑貨屋さんで修行することをおすすめします。

料理の世界では、一人前になるのに修行をするのは当たり前の話です。老舗の有名店で数年修行することで、料理の技術や考え方を学びます。

さらに、自分のお店を持つということは、自分自身が「経営者」になるということです。調理だけをしているよりも大変な面も多くなるかもしれません。商品の仕入れや売り場づくりだけではなく、お金の支払い関係など、いままで経験したことがないようなことが一気に降りかかってきます。

開業してからあわてないためにも、別の雑貨屋さんで修行することで、雑貨屋さんの経営に必要なことをスピーディに習得することができます。

修行先はモデル店を選ぶのがポイント

修行先は、とにかく「自分がやりたいコンセプトのお店に近いお店＝モデル店（2章1項参照）」を選びましょう。

繁盛しているお店のほうが自分自身の成長も早くなります。毎日の仕事からの学びが大きくなりますし、仕事の中で培ったメーカーさんとの人脈も仕入れのときにとても役に立ちます。

また、修行をお願いする際の注意点としては、以下のようなことがあげられます。

●自分が出店予定の地域とは別の地域の店を選ぶ

自分が出店する予定のエリアのお店は避けましょう。自分が開業した後はその修行先のライバルになってしまうので、イヤな思いをさせてしまいます。

●開業予定であることを事前に告げる

突然の退社は修行先にも迷惑をかけてしまいます。事前に独立予定と時期を告げておきましょう。

また、すぐに辞めるスタッフは雇いたくないというお店もありますので、一生懸命働くことをアピールして採用してもらいましょう。この修行はきっとあなたの大きな財産になるはずです。

修行先でこれだけは学ぼう！ 5つのポイント

1	数字感覚	日々の売上が資金繰りや生活に直結します。毎日の商売への真剣さが違います。
2	金銭感覚	優秀なオーナーは1円たりともムダにしません。少額の仕入れやコピー1枚にいたるまで徹底しています。
3	資金繰り※	従業員が理解できない悩み、それが資金繰りです。毎月支払い時期である月末に悩んでいるオーナーの姿を見ることはあなたにとって大きな勉強になるでしょう。
4	取引先との関係	繁盛しているお店ほど、取引先を大切にしています。誠実な対応の仕方や、支払いの期日は必ず守るなどそのオーナーならではの哲学があるはずです。
5	従業員との向き合い方	オーナーにとって、従業員は家族であり、仲間であり、コストにもなります。どのように向き合っているかを感じましょう。

※資金繰り……予定される支払いがきちんとできるように お金の出入りを管理すること。家計のやりくりと同じです。

Hint!

修行先で学ぶのは、技術（スキル）だけではありません。
オーナーがどのような姿勢（スタンス）で
商売をしているかを学びましょう。

lesson

06

これだけある！開業にかかる費用

初期投資金額合計の目安

開業までに一体いくらの資金が必要でしょうか？資金には、お店を開くための「開業資金」と、しばらく運営していくだけの「運転資金」があります。

初期投資は、お店の面積やタイプでまったく違ってきます。特にお店が大きくなれば、工事費や在庫金額などの初期投資金額だけではなく、家賃・空調などの光熱費、スタッフの人件費など、ランニングコストにも影響を与えます。

個人が小資本でスタートする10〜15坪（1坪＝3.3㎡）前後のお店のケースだと、立地によりますが、初期投資金額は100〜500万円程度が目安です。それでは、その内訳を見ていきましょう。

一番大きな費用は内装外装工事費と商品代

一番大きな費用は、内外装の工事費です。小さなお店の場合は、部分的にでも自分でやることで抑えることが可能です。

次に大きいのが商品の仕入代金です。これもどの程度の量を仕入れるかによりますが、大きな金額が必要となります。

意外と忘れがちな運転資金

そして、開店して終わりではありません。開業してもすぐに売れるというケースは少なく、それでもすぐに次の季節の商品を仕入れなければいけません。仕入れも、まだお店に信用がないときは先払いになることも多く、さらに資金が出ていきます。

また、自分自身の生活費も資金の中から出す必要があるので、それも確保しておく必要があります。売上が少なくても、日々の経営をしていけるだけの資金（運転資金といいます）を、できれば6カ月、最低でも3カ月分は用意しましょう。

お店の経営は開店してからが勝負です。最初は小さなお店のほうが固定費も少なく済み、結果的に長くお店を続けることができるケースも多くあります。1店目が繁盛してから立地条件のよいところに移転することもできますので、無理な出店は禁物です。

lesson

07

スムーズな資金調達の方法

開業資金融資と自己資金ではじめるケース

個人の開業の場合、保証人や担保提供がないと銀行から資金を借りることは難しいと思っておいたほうがよいでしょう。できれば開業に必要な資金の半分以上は、借り入れなしの自己資金ではじめることをおすすめします。どうしても足りない場合は、家族・親族から借りるという方法を考えましょう。

それでは、それ以外ではどのような調達方法があるでしょうか?

個人が開業資金を調達できるのは、「助成金」という国や地方自治体の開業資金です。金利も安く固定されており、返済予定も立てやすくなります。

最寄りの役所に行けば、開業資金窓口がありますし、商工会・商工会議所でも開業準備者に対するさまざまな助成金が用意されています。

また、ハローワークでは、スタッフを雇い入れる際に対象となる「受給資格者創業支援助成金」という助成金もあります(細かい条件がありますので、確認が必要です)。

いずれも窓口で尋ねないと教えてくれないことが多く、専門的で複雑なので、助成金の代理申請が可能な国家資格を持った社会保険労務士に相談してもよいでしょう(代理申請は有料)。

金利は高いが限度額が大きい日本公庫

他には、日本政策金融公庫(略称:日本公庫、旧国民生活金融公庫)があります。地方自治体よりも金利は高いですが、借入限度額も高くなります。

金額によっては、保証人や担保の設定を要求されます。保証人や担保が不要な限度枠内での借り入れにするべきですが、店舗を借りるときの保証金などは大きな金額になることがあります。その場合は、親や兄弟の範囲で保証人をお願いするしかありません。

助成金によっては開業日前日までに届け出ないと認められないなど、知らないと損をすることもあります。開業前にしっかりと勉強しておきましょう。

什器費

什器には棚になっているものや、ネットになっているものなどがあります。陳列用什器もさまざまなものがありますので、モデル店で研究してみましょう。

内容	金額	ポイント
什器		4万円／坪～が目安
陳列用什器		1万円／坪～が目安
その他		
什器　計		

備品費

メーカーとのやりとりやブログのアップなどパソコンは必需品です。

内容	金額	ポイント
レジスター		通販でも安いものが買える
FAX付き電話		メーカーとのやりとりはFAXが主流
パソコン・関連品		PCは必須。プリンターも必要
事務文具用品		カウンターに置くおしゃれなものを
ラッピング用資材		ショッピングバック・包装紙・リボンなど
その他		
備品費　計		

広告宣伝費

開業当初は自分のお店の存在を知ってもらうために販促を集中させましょう。

内容	金額	ポイント
ショップカード		地元の印刷屋さんなどに依頼
チラシ		作成費・印刷費・新聞折込費
ポスティング		業者委託は費用が発生する。最初は自分でやろう
タウン誌		媒体の発行部数や大きさで変動
ホームページ作成		安い場合は数万円～
その他		
広告宣伝　計		

運転資金費

開店してからすぐに売れるわけではありませんので、最低3カ月分は売上が少なくても運営できるだけの資金の準備が必要です。

内容	金額	ポイント
商品代金		最初は先払いのケースが多い
家賃		お店の家賃
人件費		人を雇った場合
生活費		オーナー自身の生活費
その他		借り入れの返済など
運転資金　計		

開業までに必要な費用リスト

物件取得費

お店を借りる、もしくは買うための費用です。開業費用の中でかなりの部分を占めます。出店地域によって大きく異なるので、出店したいエリアの相場を調べてみましょう。

内容	金額	ポイント
保証金・敷金		地域によって異なるが、店舗物件は多め
仲介手数料		通常は家賃の1カ月分を支払う
礼金		最近は減っているが一部地域に存在
前家賃		前払いの家賃
その他		
物件取得費　計		

内装・外装費

物件取得費と同様、大きな金額となります。ある程度は自分でやることも可能ですが、専門的な工事は外部に依頼する必要があります。

内容	金額	ポイント
設計・デザイン費		設計士に依頼する場合は坪当たり数万円～
エアコン設備		業務用は100～200万円と高い
内装費		業者依頼だと坪20万円以上かかる場合も
外装費		物件状況による
電気工事		専門業者への依頼が必要
看板制作費		大きなものでは100万円以上
照明関係		照明で店の雰囲気が大きく変わる
その他		
内装・外装費　計		

商品代金

最初はどれくらい売れるかわからないので、最低限の在庫だけにしましょう。売れた商品を追加しながら、品揃えの修正をしていきます。

内容	金額	ポイント
商品代金		下代10万円～／坪が目安
旅費交通費		仕入に伴う出張の費用
その他		
商品代金　計		

lesson

08

開業に伴う届出と手続き

開業に必要な届出

雑貨屋さんを開業するにあたって、個人でも法人でも必要な届出があります。

税務署

お店を開業すると、納税の義務が発生します。年に1回、「確定申告」をしなければなりません。詳しくは最寄りの税務署で確認をしましょう。「数字に弱くて」では済まないのが税金です。開業にあたってしっかりと税金の知識を身につけましょう。

警察署

お店で中古品（家具や本、アンティーク品など）を販売する際は、盗品の売買を捜査・検査するために、お店を管轄する都道府県公安委員会（窓口は警察署）の許可が必要です。それを「古物商許可申請」といいます。詳しくは、最寄りの警察署に連絡して確認してみましょう。

保健所

カフェを併設する場合は、「食品営業許可申請書」、お菓子などの食品をテイクアウトする場合は「菓子製造業営業許可申請書」が必要になります。

金融機関

お店用の口座を開設します。お店から一番近い金融機関を選んで、夜間金庫を契約しましょう。夜間金庫とは、店舗の日々の売上金を銀行の営業時間外に銀行に預け入れることで、盗難や紛失のリスクを下げることができます。一定額の手数料を支払えば、専用の入金かばんが貸与されますので、その中に現金と入金帳を入れて、夜間金庫に投入します。

電気・ガス・水道・電話

供給開始の手続きをそれぞれ行ないましょう。毎月の使用料金の支払いは、最寄りの金融機関で作成した口座から、一括して自動引き落としされるようにしておきます。記帳するだけで、経費の計算がラクにできるようになります。

おもな届出とやるべき実務

開業届け ｜ 税務署

開業後3カ月以内に申請が必要。納税の義務が発生しますので、忘れずに申請しましょう。

古物商許可申請 ｜ 所轄の警察署

中古品(家具や本、アンティーク品など)を販売する場合は必要。所轄の警察署の防犯係が窓口となり、必要書類の提出と手数料の納入をします。

食品営業許可申請書 ｜ 保健所

カフェを併設する場合は必要になります。

銀行口座開設 ｜ 最寄りの銀行

一番近くの銀行で店用の銀行口座を開設します。また、夜間金庫を契約し、日々の売上金やレジ金を夜間保管します。

電気・ガス・水道・電話 ｜ 各事業所

それぞれ供給開始の手続きを進めましょう。最寄りの銀行口座から一括で引き落としできるようにしましょう。

lesson 09

営業時間・休日の決め方

営業時間は慎重に決めよう

どのようなコンセプトのお店をつくるか（2章2項）を考えた後に決める必要があるのが、営業時間や休日です。ショップカードや看板などに記載する必要があるので、早めに決める必要があります。

また、販促物に刷り込んだりするので、なかなかすぐには変更することができません。慎重に決めましょう。

ショッピングセンターなどのインショップであれば、その施設に合わせなければいけませんが、独立した運営の路面店の場合は、予測される客層や周辺の店舗に合わせて決めましょう。

客層は主婦が中心か、ＯＬが中心か？

主婦が中心客層と想定される住宅街などの立地では、平日の午前11時から午後2時ぐらいまでが来店数が多い時間帯です。子供を幼稚園や学校に送り出し、晩御飯の買い出しまでの空いている時間に利用される方が多いようです。逆に夕方以降は客足が落ちるので、早めの閉店でも問題ありません。

駅前など学生・ＯＬが中心客層の場合は、帰宅途中の午後5時から7時ぐらいの時間帯が混みますので、開店を午前11時など遅めにしてもよいでしょう。

休日は臨機応変にするのも手

最近は年中無休が一般的になっていますが、都心部など立地によって、帰省が多いお盆などの長期休暇中が暇になるお店もあります。そのようなお店の場合は、店頭やホームページなどで、「○月○日から○月○日まで夏期休暇となります」などと告知してもよいでしょう。

オーナーによっては、子どもとゆっくり過ごすために定休日を週に1回設けているお店もあります。ひとりで運営する場合は、身体の疲れ方が全然違ってきます。

また、年末年始にしっかりお休みをとっているお店もあります。休日に関しては、自分のライフスタイルに合わせて考えるとよいでしょう。

客層に合わせた営業条件を決めよう

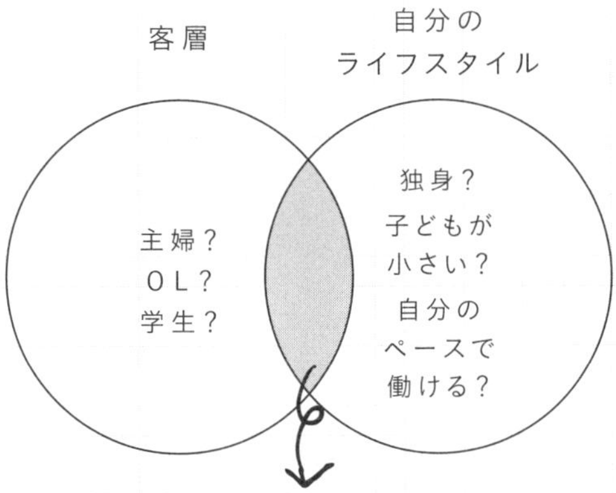

営業条件

営業時間
- 朝方→シルバー
- 昼型→主婦
- 夜型→ＯＬ

休日
- 無休
- 定休日

長期休暇
- 年末年始
- ゴールデンウィーク
- お盆

Point

お店の客層と
自分の
ライフスタイル、
両方を
考えて決めよう

Part

4

立地・物件選びの
ポイント

lesson 01

立地を選ぶときのポイント

雑貨屋さんはどのような立地ではじめるべき?

よい立地とは、一言で言うと「店前通行量が多い」場所です。ただし、一般的によい立地は、家賃が高くなりますし、あなたのお店に合った立地とは限りませんので、注意深く選びましょう。

立地は大きく分けて2種類あります。

1 都心立地……ターミナル・中心市街地など
2 地方都市……駅前・中心市街地・ロードサイド

都心立地は地方都市に比べてケタ違いの集客力があります。一方でレベルの高い競合店も多い、運営コストが格段に高いなどのデメリットがあります。

また、都心立地では、表通りよりも裏通り、1階よりも上層階・地下のほうが狙い目です。集客力は下がりますが、家賃などのコストは軽減されます。

また、出店形態も考えなくてはいけません。

1 テナント……多くの集客が見込まれる半面、営業時間などの規制やコスト負担などが求められる
2 路面店……自由にできる範囲が広いが、集客や運営は自前でやる必要がある

個人経営のお店になると、郊外や商店街などの路面店が中心になるでしょう。ファッションビルなどの商業施設は他で実績がないといきなりの出店は難しいので、2店舗目以降で考えていきましょう。

同業者・類似業者がたくさんある立地は狙い目!

立地条件を選ぶ際は、同業者や類似業者(花屋さん・ケーキ屋さん・カフェなど)がどれくらい多いかも大切なポイントです。

歓楽街に雑貨屋さんを開いても、客層が違うため集客は難しいでしょう。しかし、同業者や類似業者がひしめき合っていたほうが、ポツンと1軒だけ雑貨屋さんがあるよりも、その土地への吸引力が強く働きます。すると、雑貨好きのお客様の「選ぶ楽しみ」「見る楽しみ」が増して、自店への集客もしやすくなります。

出店立地のパターン

立地	特徴
ショッピングセンター ファッションビル	集客力はあるが、高コスト。実績がないといきなり出店するのは難しい
商店街	地方によっては、にぎわっている商店街もある。都心の商店街は大きな集客がある
ロードサイド	郊外のロードサイドは大手小売チェーンの大型店舗が多い
住宅街	集客に苦労するが、低コストで運営できる

失敗しない立地選びのコツ

1. 同業者が多い
   雑貨店が集まっている・多い地域

2. 類似業者が多い
   お花屋・ケーキ屋・カフェ・美容室など

3. 店前通行量が多い
   店前をどれくらいの人が歩いているか

lesson

02

不動産屋での物件の探し方

不動産屋に詳細なイメージを伝えよう

物件探しは不動産屋が中心になりますが、すぐによい物件が見つかるのはまれです。どのように不動産屋を活用するかで、開業までの計画がまったく異なります。

不動産屋には、どのようなお店を開業するかをなるべく具体的に伝えます。お店のイメージがわかるような資料や写真、商品の現物などがあると伝わりやすいでしょう。予算・立地など希望している条件もきちんと示してください。イメージが具体的であればあるほど、的確に物件を探してもらうことができます。

雑貨屋さんのような物販業は、飲食店のような火事のリスクがなく、深夜営業のトラブルもありません。その点も強調するとよいでしょう。

不動産屋は何軒も回ろう

不動産屋は複数軒回るようにしてください。特に出店したいエリアは念入りに回りましょう。

なお、不動産屋にはどこも同じ物件情報が流れていると思いがちですが、実際はそうではありません。

特に地域密着型の不動産屋は、地元の大家から直接任されている物件を持っている場合もあります。

つまり、よい物件を早く見つけようと思えば、多くの不動産屋にコンタクトをとり、「私はこんな物件を探しています！」というアピールをして、いち早くよい物件情報を手に入れる必要があるのです。

不動産屋にとっては家賃1カ月分の斡旋料なので、大した手数料にならないかもしれませんが、あなたにとってはお店の今後を分けるとても重要なことです。

数多くの不動産屋を回って終わり、ではなく、近くに寄った際などに不動産屋へ頻繁に訪問し、「新しい物件が出ていませんか？」と挨拶に行きましょう。掘り出し物件を教えてくれる場合もあります。

不動産屋で物件を探すポイント

Point 1

不動産屋は
何軒も回ろう

特に出店したいエリアを
念入りに！

Point 2

やりたいお店の
イメージを
資料や写真で
伝えよう

イメージが伝われば、
物件紹介の精度もアップ

Point 3

実際に
出店したいエリアを
歩いてみよう

気になる空き物件があったら、
不動産屋の
連絡先へ電話！

Point 4

紹介された案件は
できるだけ多く
見に行こう

不動産屋に本気度を伝え、
人間関係をつくる

lesson 03

物件を決める前にやるべきこと

出店候補の物件のことを知り尽くそう

最終的に物件を決めるときは直感も大切ですが、やはり事前に十分な調査をしてからにしましょう。

出店予定地を決める際のポイントは、次の通りです。

●土地勘のある場所に出店する

商売の初心者は、自分が知らない土地には出店しないというのが原則です。その土地の人にしかわからない土地勘や習慣などがあるためです。

●出店予定地を曜日別・時間別に見る

平日と土日では客数も客層もまったく違うというケースはよくあります。土日は客数が多かったけれども、平日はまったく人がいない場所などもありますので、曜日別・時間別に必ず確認するようにしてください。

また、自分のお店がターゲットとしている客層が十分にいるかどうかもチェックしましょう。

出店予定地周辺の競合店を調査する

また、出店予定地周辺に雑貨屋さんがあるかどうかを調査しましょう。もし、まったくないという場合は、雑貨好きな客層が多くないのかもしれません。

雑貨屋さんがある場合は、自分のお店とコンセプトがバッティングするかどうかも確認しましょう。

もし、自分のお店とコンセプトが類似していたら、とりわけ十分な調査が必要です。競合店の長所、特徴、品揃え、客層などを調べて、対策を練っていく必要があります。

調査の際に気をつけてほしいのは、過小評価も過大評価もする必要はないということです。

そのお店が続いているということは、地元のお客様に支持される理由があるということです。逆に、どのような客層がこの地域に住んでいて、どのようなニーズがあるかなど、競合店からわかることもたくさんあるでしょう。

決める前にこれだけはやっておこう！

1 曜日別・時間帯別に見てみる

Point

♦平日と土日の客数・客層の違いを見ましょう。
♦平日と土日の差が激しすぎませんか？
♦自店のターゲットのお客様が十分にいますか？

2 周囲のお店のオーナーに聞き込みに行く

Point

♦「雑貨屋をしようと思っているのですが」と相談します。
♦過去の入居店舗の状況についてインタビューしてみましょう。
♦その他、不安事項があれば、聞いてみましょう。

3 競合店を調査する

Point

♦自分がやりたいお店と競合になるお店がありますか？
♦それはどんなお店で、どのような特徴がありますか？
♦そのお店は何で地元のお客様に支持されていますか？

lesson

04

居抜き物件を借りるときの注意点

初期費用居抜き物件は周囲の聞き込みも忘れずに

居抜き物件とは、以前の入居者が退去した物件で本来は床・天井・壁・お手洗など、店舗内の主要設備が残っている状態のまま売買・賃貸される店舗のことです。物件によっては、床・壁・天井だけある、内装だけ残っているなどの状態でも居抜きという場合があります。

本来の店舗物件は「スケルトン」という店舗内の床・壁・天井・内装などが何もないコンクリートの打ちっぱなしのような「建物の躯体（くたい）だけの状態」です。店舗物件は「スケルトン」で借りて、「スケルトン」で返すのが基本です。しかし、居抜き物件はそのまま開業できる状態に近いため、初期投資を抑えることができる、比較的すぐに開業できるなどのメリットがあります。

居抜き物件は十分なリサーチが必要

居抜き物件のメリットとデメリットを比較してみましょう。

メリット

- 初期投資を大幅に抑えることができる
- 圧倒的に早いスピードで開業できる

デメリット

- 以前の入居者が同業者だった場合、負のイメージがついている。お客様からは「このお店もまたすぐつぶれるのでは？」と見られやすい
- 元の内装設備などがあるため、自分のやりたいようにはできないという制約が発生する

特に注意すべきは、やはりデメリットです。入居してから「こんなはずではなかったのに……」というケースもあります。

よい立地であれば、初期投資を抑えることができるなどメリットが大きいのが居抜き物件ですが、出店の際は事前のリサーチを十分に行ないましょう。

詳しい事情は、周辺の店舗の人にも聞いてみてもよいでしょう。

居抜き物件のメリットとデメリット

居抜き物件

店舗内の内装設備、什器備品などを設置したままの状態で
売買・賃貸される店舗のこと。

メリット

- 初期投資を大幅に抑えることができる
- 開業までのスピードが早い

デメリット

- マイナスのイメージがついている
- 特に同業者だった場合は注意する

Hint!

居抜き物件はデメリットも
きちんと理解しておきましょう。

lesson

05

契約前にしっかり家賃の交渉をしよう

家賃は交渉するものと心得る

物件を決める前にオーナーがしなければいけないこと、それは家賃の交渉です。

家賃は「固定費」といって、毎月必ず発生する経費です。雑貨屋さんも商売ですので、当然、売上がよい月も悪い月もあります。お店の売上が悪い月に「今月は家賃ゼロでもいいですか？」というわけにはいきません。特に売上が悪い、あるいは季節的にお客様の来店数が減る月に大きな負担がのしかかってくることになります。

物件が決まり、契約する前には、家賃の交渉をしましょう。お店にとって、家賃負担は大きな問題となるので、家賃交渉は決して悪いことではありません。自信を持って、交渉に臨んでください。

もちろん、ただ「お金がないので安くしてください」だけでは話が通りません。その地域の各物件の賃料や保証金を調べ、近隣物件よりも高ければ、下げてもらえる可能性もあります。その際は坪単価（坪当たりの家賃）で比較すると物件の大きさが違っても比較ができます。

このとき、あくまで「お願いをする」というスタンスが重要です。たとえ少しの値下げでも、年間では大きな金額の差になります。

この頃になると、「自分もオーナーらしくなってきたな」と実感しているかもしれません。きっと、たくましく交渉できるようになっているはずです。

契約書はしっかり読み込もう

契約書は、必ず内容を読んでから、交わすようにしてください。特に、家賃がいつから発生するのか、お店を撤退するときに工事前のスケルトンの状態に物件を戻す「原状回復」の項目や、万が一の退店の場合、保証金がどの程度返却されるかなどの項目はしっかりと目を通して、把握しておきましょう。後になって、内容を理解しておらず、「そんなこと知らなかった！」では済まされません。

契約前に家賃交渉をしっかりしよう

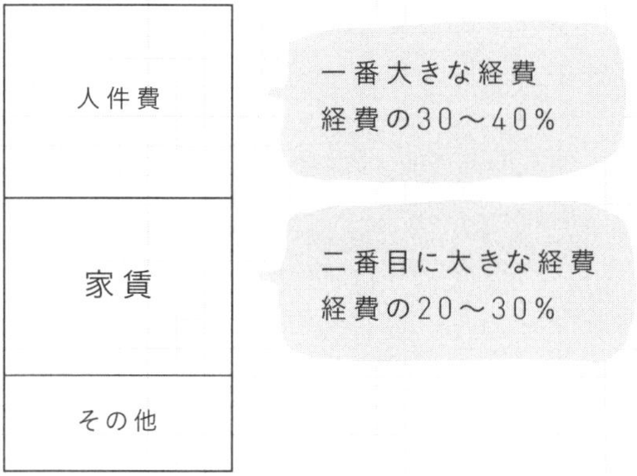

家賃は固定費!
売上にかかわらず、毎月発生します。

物件の賃貸契約書の重要なポイント

Hint!

- 家賃はいつから発生しますか?
- 退去時に借りた状態まで戻す(原状回復)必要がありますか?
- 保証金はいつ、いくら返却されますか?

lesson 06 施工業者との付き合い方

施工業者はどう選べばいい？

小資本で開業する場合は、設計士にデザインを依頼したりすると非常に費用がかかってしまうため、図面作成や塗装程度であれば、自分でやることも可能です。

しかし、電気や水道など施工業者に依頼しないとできない専門的な部分も出てきます。以下に施行業者との付き合い方のポイントをあげましょう。

施工業者は紹介してもらう

施工業者は知り合いの紹介があるならそれがベストです。紹介であれば、多少の無理も聞いてくれます。また、不動産屋は専属で質のよい施工業者と付き合いがあることも多いので、そこから紹介をしてもらってもよいでしょう。

地元の施工業者を選ぶ

遠方よりも地元の施工業者を選びましょう。実際にオープンすると、たとえば特殊な電球の交換など小さな用事が発生することが多々あります。その際に遠方だとなかなかすぐに対応をしてもらえずに苦労します。

設計士・施工業者と完成のイメージを共有する

一番早いのは一緒にモデル店を見に行くことです。向こうもプロなので、材料や色目などあなたが気づかない点も気づいてくれます。「このようなイメージにしたい」という店舗を直接見に行き、完成形を共有することが大切です。

施工業者を決めるには「相見積もり」をしよう

紹介以外の場合は1社だけで決めてしまうと高くつくので、何社かでの「相見積もり」を実施したほうがよいでしょう。施工業者さんにすべてお任せでは、どうしても金額が高くなってしまいます。また、決定した後でも見積書の明細の中で、「……一式」のような、不明確な部分は必ず確認しましょう。

確認や交渉をすることで初期投資を抑えることができますし、勉強にもなります。「知らないことで損をする」ことがないようにしてください。

デザイン・施工を依頼するときは
完成イメージを共有しよう

Hint!

設計士・施工業者とつくりたいお店のイメージを共有しましょう。
「百聞は一見にしかず」効果はバツグンです！

lesson

07

設計・内装はできるだけ自分でやってみよう

自前で内装を行なうメリットとデメリット

初期投資でもっともお金のかかるところのひとつ、それは内装費です。

飲食店は雰囲気を重視するため、内装にも凝るケースが多いですが、物販業の雑貨屋さんの場合は、そこまで内装にお金をかける必要はありません。それよりも什器であったり、装飾小物などにお金をかけるほうが「らしさ」を出しやすいはずです。

もちろん電気関係や上下水道関係は専門の資格が必要なので、業者に任せるべきですが、設計や内装などは可能な限り自分でやることで、コストが浮くだけではなく、自分のお店のことをもっとよく知ることもでき、さらに愛着がわいてくるでしょう。

設計も、小さなお店では設計士に任せるまでもありません。図面を自分で書くことも十分できます。

メリット

内装業者へ依頼をしても、デザイン重視でお店としては使い勝手が悪かったなどというケースもよく聞きます。

自前で内装を行なうと、当然、発生する費用も材料費のみになりますので、経費削減にもなりますし、後で細かい補修をするときにも自分でできるようになります。そして何よりも、自分の好きな雰囲気にできるというメリットがあります。

デメリット

反面、慣れない人にとっては、とても大変な作業であることは間違いありません。脱サラする方であれば、お休みをすべてこの内装工事に費やす必要が出てきます。

そしてもっとも注意するべきは、自前で工事をやっている間も賃貸契約がスタートしているので、自宅を改装して使用するケースなどでない限り、家賃とコストが発生しているということです。

工事の度合いを考えて、自前と施工業者どちらがおトクか？　をしっかり検討したうえで、どのようにするかを決めましょう。

自分で設計・内装をやるメリット・デメリット

メリット

- 大きなコスト削減になる
- 後で細かい補修なども自分でできるようになる
- 自分の好きな雰囲気にできる

デメリット

- 慣れない人にとってはかなり大変な作業
- 時間も非常にかかる
- 施工期間中から家賃が発生する場合はコストになる

業者に依頼するべき専門的な分野

- 電気・照明関係
- 上下水道関係

lesson 08

入りたいと思わせるお店の顔づくり

店も人もまずは見た目が重要？

開店したばかりのあなたの雑貨屋さんに来られるお客様のほとんどは、お店の前を通りがかった方です。口コミや販促媒体によって来店するお客様もいらっしゃるかもしれませんが、最初は圧倒的に「たまたま通りがかった」「工事をしているときから気になっていた」という方が多いはずです。

お客様がお店に入るかどうかは、そのお店の外観が入りたくなるものかどうかで決まります。つまり、開業後に順調にいくかどうかが決まってしまうということです。

「知る人ぞ知るお店にしたい！」とこだわりすぎるあまり、「誰も知らない」という笑えないケースのお店もよくあります。

店の存在に気づかないほど目立たない店舗は、早急に看板をつけたり、ディスプレイやメッセージボードなどで、まず通行客に興味を持っていただく必要があります。

特に単価の低い雑貨屋さんは、まず客数が勝負です。たとえお店に気づいてもらっても、「なんか入りにくいな」という敷居の高い外観では、お客様を取りこぼすことになり、大きな損失になってしまいます。

一目で何屋さんかわかりますか？

外観で何屋さんかわからなければお客様が不安になり、中に入らないのは当たり前のことなのです。せっかくのあなたのお店を多くの人が通りすぎていってしまうのは残念ですよね。そのためには、

- 看板・イーゼル
- ガラス張り
- ファサード（入口）での商品陳列
- 造花やガーデン雑貨での雰囲気づくり

このような工夫でお客様の入店に対する不安要素をなくすことが必要です。

そのうえで、さらにあなたのお店「らしさ」を表現した外観づくりをしていきましょう。

入りたくなるお店のポイント

Point 1

中が見えて安心な
ガラス張り

Point 2

雑貨屋さんと
一目でわかる看板

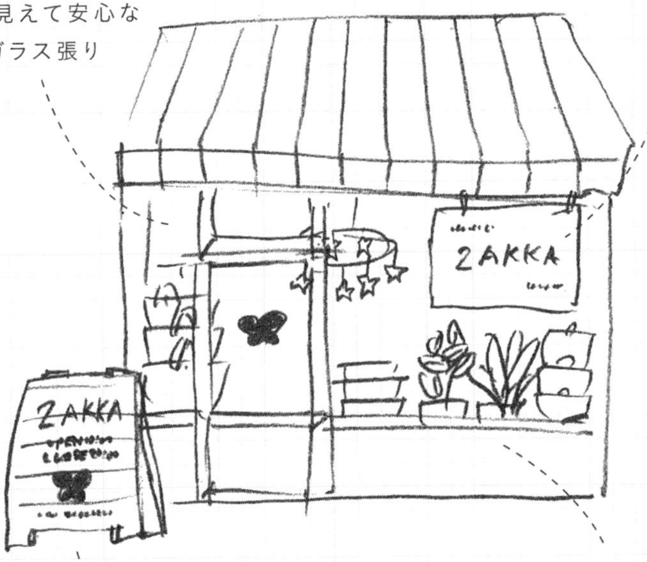

Point 3

どんなお店かを
イーゼルで発信

Point 4

ガーデン雑貨で
雰囲気づくり

lesson

09

開店は引き渡しから2週間後が目安

説明するようなPOPづくり、そしてホームページやチラシに掲載するための商品選定・撮影などなど、準備することは山ほどあり、あっという間に時間が過ぎてしまいます。

引き渡しから2週間後がオープンの目安

工事自体は、規模にもよりますが、2週間から4週間ほどはかかります。家賃の発生が工事期間からの場合や引き渡し後は、必ず家賃が発生しているのでなるべく早くオープンしなければいけません。

この準備期間は売上がゼロなのに家賃だけ支払っている状態になっており、預金通帳の現金がどんどん減っていく時期でもあります。2週間というのは少し短く感じられるかもしれませんが、最短の時間で開店準備を行ない、開店させましょう。

逆に、引き渡しから1週間しかないなど無理なスケジュールで進めると、オープンを不十分な状態で迎えることになってしまい、オープン当初にいらっしゃったお客様をがっかりさせてしまうことになりかねません。引き渡しからは早すぎず長すぎずというスケジュールで、ベストなお店づくりができるよう進めていきましょう。

引き渡しから開店までにやるべきこと

引き渡しとは、施工業者の内装などの工事が終わって、依頼主が店内で作業ができるようになる状態のことです。引き渡し時は、できたばかりのまっさらで何も置いていない売り場にご対面します。このときは本当に感動しますし、ワクワクする瞬間です。

しかし、引き渡しからオープンまでにやるべきことは本当にたくさんあります。①商品の搬入、②商品の検品・値付け、③商品の陳列、④ディスプレイ、⑤プライスカードの作成、⑥商品説明用POP作成、⑦レジ操作の習得、⑧広告用の写真撮影などです。

開店時には、お客様をお迎えするための完全な状態にしなければいけません。そのためにはただ商品を置くだけではなく、かわいい！　と思えるような魅力的なディスプレイや、商品の使い方を具体的に

工事完了から2週間で開店させよう

内装工事

↓

何もない売り場とご対面！
完成した売り場を考えると
感動します。

引き渡し

↓ 2週間

開店までに
やるべきことは
思ったよりたくさん！

1. 商品の搬入
2. 商品の陳列
3. 商品の検品・値付け
4. ディスプレイ
5. プライスカードの作成
6. 商品説明POPの作成
7. レジ操作の習得
8. 広告用の写真撮影

開店

Part

5

「らしさ」が伝わる品揃え

lesson

01 自分らしい品揃えの基本

お店のコンセプトを品揃えに活かそう

お店のコンセプトが決まった後は、品揃えを考えていきます。コンセプトを決めた段階でおおまかなテイストの絞り込みができたはずです。

その次にするべきことは以下の4つです。これを最初に決めておくと、実際に商品をセレクトするときに迷ったり、ブレたりすることがなくなります。

①どんな部門を扱うかを決める

一般的に、雑貨屋さんにはコンセプトを問わずに2つの用途内に10以上の部門があります（左ページ参照）。まずは、用途を「家用」にするのか、「自分用」まで扱うかなど、取り扱い商品の範囲をおおまかに決めます。あまり広げすぎると、面積が限られた売り場の中で、どの商品も中途半端な品揃えになってしまいます。

②どの部門を主力部門にするかを決める

①の中でももっとも中心とする部門を決めます。これは立地や客層を考慮して決めましょう。売りにくい部門を主力にしてしまうと、売上が上がらないので注意してください。たとえば、ガーデン部門が主力部門だと一戸建てのお客様だけが対象となり、しかも冬場は庭いじりもしないので、厳しくなると予想されます。

③その中でどの商品を主力商品にするかも決める

あるお店では、キッチン部門を主力部門とし、「エプロン」を主力商品にしましたが、エプロンは買う頻度も低く、母の日以外は売上が伸びずに苦労したそうです。逆にマグカップを主力商品としたお店はギフト時期を中心に人気商品になりました。購入する頻度が高い商品を選べば、間違いはないでしょう。

④絶対にやらない商品を決めよう

最後に、やらない商品を決めます。たとえばファンシー系商品はしない、パステルカラーは扱わない、流行商品はやらないなど、「何をやらないか」というポリシーはお店の個性を左右する、特に重要な要素になります。

自分のお店らしい品揃えを決めよう!

1 どんな部門を取り扱うかを決める

(1)自家用を中心に取り扱う
キッチン・インテリア・ステーショナリー・バス・アロマ・キッズ・ベビー・ガーデンなど

(2)自分用を中心に取り扱う
アパレル・アクセサリー・バッグ・ソックス・服飾雑貨・化粧品など

(3)自家用と自分用の両方を取り扱う

↓

2 どの部門を主力部門にするかを決める

主力部門は?(キッチン部門が主力)

↓

3 どの商品を主力商品にするかを決める

主力商品は?(マグカップ)

↓

4 絶対にやらない商品を決めよう

やらない商品は?(自分用の用途)

lesson 02

「らしさ」はお客様を考え尽くすと見えてくる

お客様のことを本当に考え尽くしたか？

あなたのお店の「らしさ」を際立たせる方法、それは商品構成だけではダメなのです。

その方法とは、「あなたのお店のお客様を考え尽くすこと」なのです。大半のお店は、「らしさ」を商品だけからしか考えないので、どうしても似たようなお店になってしまいます。

みなさんもターゲットを設定していると思いますが、ほとんどが年齢・家族構成など部分的な設定になっていませんか？　それでは品揃えには活かすことができません。

- お客様との距離（フリー客中心・固定客中心）
- お客様の質（初級・中級・上級）
- 年齢・ライフステージ（一般的な設定）
- 販売方法（入門商品はセルフ・専門商品は接客）
- 誰のため（自家用・自分用・ギフト用）
- 買われ方（部分的・トータル）

……など、ここまで考えればお店の輪郭がかなりはっきりしてきたはずです。

もし、あなたが接客が大好きであれば、上級者で固定客向けにサロン的なお店にしたいと思うかもしれません。また、それが自分用なのか、ギフト用なのかで置く商品も変わってくるはずです。

自分のやりたいこととお客様とのバランスをとる

もちろん、最初から固定客ばかりにはなりませんので、最初はフリーの「入門客」がセルフで買えるわかりやすい商品も置かなければいけません。入門客が自分用で買い続け、愛用することで今度はギフトとして、買ってもらいます。

そして、そのお客様が「中級客」へとステップアップすることにより、さらに高単価な商品も買っていただけるようになるでしょう。

このように、どんなお客様かを考え尽くすことが「ウリ」を明確にするコツです。商品だけで考えていては見えなかったことが見えてきます。

あなたのお店のお客様はどんなお客様ですか?

お客様との距離	フリー客	準固定客	固定客
お客様の質	初級	中級	上級
年齢	若年 20〜30代	中年 40〜50代	熟年 40〜50代
ライフステージ	独身	結婚	子供あり
販売方法	セルフ	準セルフ	接客アプローチ
誰のため?	自家用	自分用	ギフト
買われ方	単品	セット	ライフスタイル
部門	・衣……アパレル・アクセサリー・バッグ・ソックス・服飾雑貨・化粧品 ・食……キッチン ・住……インテリア・ステーショナリー・バス・アロマ・キッズ・ベビー・ガーデン		

どのようなお客様に来てほしいかを考え尽くそう!

Hint!

- あなたのお店にはどんなお客様に来てほしいですか?
- お客様にとってあなたのお店の利用方法は?
- お客様とはどのような付き合い方をしたいですか?
- どんなときにどんな気持ちでお店に来てほしいですか?

lesson

03

あなたのこだわりが「自慢の一品」を生む

「自慢の一品」が繁盛店をつくる

人気雑貨店は必ずといっていいほど、ダントツに売れているベストセラーの商品を持っています。①オーナー自身が大好きで自信があり、②自店の客層に合った商品であるケースがほとんどです。逆にいうと、人気の雑貨屋さんになるためには、すべてがまんべんなく売れるようなお店ではダメで、ダントツに売れる「自慢の一品」を生み出す必要があるということになります。

雑貨屋さんとは何でもある「よろず屋」ではありません。何かで一番になるためには、その地域で「マグカップのギフトだったらあのお店に行こう！」というように、ある商品を買いたいというときに自分のお店がイメージされなければいけません。

たとえば、ブランドバッグが欲しいというときにみなさんは何をイメージしますか？　多くの方はルイ・ヴィトン、さらにはモノグラム柄までイメージされた方もいらっしゃるかもしれません。ルイ・ヴィトンは洋服や小物などもつくっていますが、やはりバッグという「自慢の一品」をしっかりと持っているのです。

あなたの「自慢の一品」は何ですか？

それでは、「自慢の一品」はどのようにつくればよいのでしょうか？　それは、自分が自信を持っておすすめできる商品かどうかです。①あなた自身が一番好きで自信を持っている、②ギフトにもしやすい、③大手チェーンがあまり得意ではない商品にしましょう。

たとえば、あなたがいくらクリアファイルが好きだとしても、100円ショップにはかないません。逆に、アロマオイルであれば、使わないとわからない商品なので、大手ではできない専門的な接客でお客様におすすめすることが可能です。

このように意識して「自慢の一品」をつくっていきましょう。少しずつ「自慢の一品」を増やしていくことが人気雑貨店の道へとつながるのです。

自慢の一品をつくろう

自慢の一品

大手チェーンがやらないような手間がかかり、
接客やPOPで説明が必要な商品ほど
小さなお店が本気で取り組むべき商品

あなた自身が
一番好きで自信がある

大手チェーンが
あまり得意ではない

ギフトにもしやすい

ギフトにも大活躍する
カラフルな手拭い

ここにしかない
手づくりお菓子

lesson

04 季節感を大切にしよう

売り場に変化がないお店には来店回数が少ない

品揃えで大切なことは「季節感」です。お客様は売り場が変化しているとお店に入りやすくなります。お客様は思った以上に、気になるお店のディスプレイをいつもチェックしているものです。

年中同じ商品を置いているようなお店、たとえば骨董品屋さんには毎月通ったりはしません。特に日本には四季がありますので、その季節に応じた、お客様のニーズに合った商品を売り場に置きましょう。

売り場に変化がないと、お客様は「いつ行っても同じだから……」と思って来店しなくなってしまいます。逆に、いつも売り場に変化があると「あのお店はいつも新しいものがあるし、人気商品はすぐになくなるから頻繁に行かなきゃ！」と思ってもらえます。その結果、お客様の来店回数が増えるのです。

定番商品＝安心⇔季節商品＝ワクワク

お客様は新しい商品に出会ったり、話題の商品、季節を先取りした商品にワクワクします。

自店の客層が毎月どのような行事があるかを考えてみましょう。手順としては、

1. 毎月の季節商品をリストアップ
2. 自店のコンセプトに合った季節商品をセレクトしてみてください。その中であなたのお店のコンセプトに合った季節商品を選び、売り場でクローズアップします。たとえば和雑貨屋さんであれば、12月はクリスマス商品は展開しないけれども、お正月特集を行なうなどです。

しかし、売り場のすべての商品を季節商品にしてしまうと売れ残る危険性が高くなってしまいます。かといって売れ残るのを心配して、季節商品をなくしてしまうとおもしろくない売り場になってしまいます。

目安としては、「定番商品：季節商品＝7：3」というバランスが適正です。人気の雑貨屋さんは季節商品の取り扱いが上手なお店ばかりです。

季節別商品のポイント

シーズン	スプリング・シーズン		
	2月	3月	4月
社会行事	14日　バレンタインデー	3日　ひな祭り 14日　ホワイトデー 23日　春分の日	GWスタート
季節のポイント	バレンタインデー／新生活／ダイエット／桜特集	入園・入学・新社会人のランチ特集／桜特集／卒園・卒業ホワイトデー／新生活	GWの行楽行事／ガーデン特集／紫外線対策／初夏のインテリア模様替え／初夏のキッチン模様替え

シーズン	サマー・シーズン		
	5月	6月	7月
社会行事	GW 第二日曜日　母の日	第三日曜日　父の日	クリアランスセール 夏休み
季節のポイント	GWの行楽行事／母の日／夏のインテリア／夏のキッチン／梅雨対策／植物	夏のインテリア／夏のキッチン／梅雨対策／お中元／夏に備える／父の日	涼しさの演出／夏の日差し対策／夏のキッチン／夏の行楽

シーズン	オータム・シーズン		
	8月	9月	10月
社会行事	お盆休み	23日　秋分の日	第二月曜日　体育の日
季節のポイント	涼しさの演出／夏の日差し対策／夏のキッチン／夏の行楽 夏休みの宿題	痛んだ髪・肌をいたわる お風呂を楽しむ／運動会の準備／秋の行楽／秋の模様替え／スケジュール帳	秋の行楽／秋の模様替え／旬の食材を味わう／秋のビューティケア

シーズン	ウィンター・シーズン		
	11月	12月	1月
社会行事	3日　文化の日 23日　勤労感謝の日	冬休み 25日　クリスマス	初売り クリアランスセール
季節のポイント	クリスマスの準備／部屋で暖かく過ごす／冬の防寒着／年賀状／インフルエンザ対策	クリスマスの準備／部屋で暖かく過ごす／年賀状／インフルエンザ対策／年末大掃除／お正月の準備／クリスマスギフト	受験生の応援／新年を迎える／バレンタインデーの準備／乾燥対策

lesson

05

集客商品でお客様がたくさん来る！

雑貨屋さんの繁盛のコツ

繁盛店には必ず人気商品があり、その商品を目当てのお客様を増やすことで集客しています。たとえば、繁盛している食品スーパーは、卵や牛乳など毎日消費する商品が他店よりも安かったり、品揃えが豊富だったりします。

つまり、「低価格」「消耗品」で「高頻度」で買う商品を強化すれば、集客しやすいということがわかります。そのような商品のことを「集客商品」といいます。

「集客商品」を通して、集客する

それでは、雑貨屋さんではどのように「集客商品」をつくっているのでしょうか？

- ♦輸入菓子の種類が圧倒的なL店
- ♦使い捨て「紅茶パック」で主婦に人気のC店
- ♦低単価のピアスが豊富なファッション雑貨U店
- ♦プチギフトで人気の入浴剤が150種類あるB店
- ♦ドアノブの種類が圧倒的なインテリア雑貨店

などなど、自分が好きで得意な商品の中で、お客様がリピートしやすい商品を選んで、他店を圧倒する品揃えをしています。

集客商品こそ、そのお店の姿勢が出る

もし、食品スーパーの卵が賞味期限ギリギリだったら、あなたはそのお店で別の商品を買いたいと思うでしょうか？

それと同じで、お店のイメージは単価の低い「集客商品」で大きく左右されます。特に多くの人が買う商品なので、なおさら影響が大きいのです。低単価だからといってないがしろにしてはいけません。

「集客商品で自分のお店を〝お試し〟してもらおう」「集客商品でお客様にファンになってもらおう」ということを意識しながら、「集客商品にこそ、力を入れる」という姿勢で品揃え・品質・鮮度に十分こだわる必要があるのです。

それがお店の集客だけではなく、信用と売上をアップする近道なのです。

集客商品はあなたのお店の「入門商品」!

集客商品

「低価格」「消耗品」かつ「高頻度」で消耗する商品であり、
強化することで「集客」につながる商品のこと。

Point

1. 地域で一番の品揃えの豊富さ
2. POPでも1種類1種類の「価値」を訴求する
3. スタッフ全員が愛用しており、お客様に熱意を持って説明できる

集客商品の例

お菓子も食べればなくなる消耗品のひとつ

プチギフトとしても自宅でも使える入浴剤

lesson 06

人気の雑貨屋さんとはギフトが売れるお店

こんなにあるの？ギフトの種類

人気の雑貨屋さんは「ギフトが売れるお店」です。半分がギフトでの売上というお店もあるほどです。

一口にギフトと言っても、次のようにたくさんの種類があります。

◆パーソナルギフト……お誕生日、母の日・父の日、バレンタインデー、ホワイトデー、クリスマスなど

◆プチフォーマルギフト……内祝（出産・新築祝い・入園入学祝い・結婚祝い）など

雑貨屋さんには、お中元やお歳暮といったフォーマルなギフトではなく、センスのよい個人的なギフトを贈りたいというニーズがあります。

つまり、人気のお店になるためには、お客様に「プレゼントを買うならこのお店しかない！」と普段から思ってもらうことが大切です。

ギフトも品揃えの発想を持とう

ギフトも通常の商品と同じように、客層や用途に合わせた品揃えの発想が大切です。

◆ラッピングは①有料、②無料の2パターンを用意する

◆価格帯も手軽なものから上級のものまで揃える

ギフトは他店との差別化がカンタンです。ラッピングは手間もかかりますが、雑貨屋さんにとって贈る人・贈られる人の両方に「感激」してもらえる腕の見せ場です。「感激」したお客様は一生の顧客にもなりますし、口コミにもつながりやすくなります。

ギフトならこのお店！と思ってもらう方法として、次のようなものがあるでしょう。

◆売り場で時期に応じたサンプルを提案する

ラッピングにトコトンこだわる

◆「ラッピングは無料です」POPを設置する

お客様は「このお店はセンスのよいギフトラッピングをしてくれるだろうか？」と不安に思うものです。売り場でサンプルを提案する、POPでアピールするなどしてお客様に伝わるようにしましょう。

ギフトで他のお店と差別化しよう

ギフト

パーソナルギフト

①お誕生日、②母の日、③父の日、
④バレンタインデー、⑤ホワイトデー、⑥クリスマスなど

フォーマルギフト

①出産祝い、②新築祝い、
③入園入学祝い、④結婚祝いなど

ギフトレベルNO.1のお店の取り組み例

- オリジナル手書きのし
- 太くて大きな海外製リボン
- ラッピングと一体化したショップカード
- サシェでほのかな香りを演出

Part

6

初めてでもできる
仕入れの方法

lesson

01

仕入れの技術で売上は大きく変わる

センスだけでは仕入れはできない

雑貨屋さんを開業するうえで、苦労することのひとつ、それは「仕入れ」です。雑貨屋さんにおいて、そのお店が繁盛店になれるかどうかは、商品の仕入れで決まると言っても過言ではありません。

一般的にはメーカーや問屋、作家さんなどから仕入れをしないとお店に商品を並べることはできません。しかし、よいメーカーや問屋、作家さんとは、どこでどう出会えるのでしょうか？

雑貨屋さんの仕入れは、よい商品・売れる商品を見極める力がないと、人気のお店をつくることは難しいでしょう。雑貨屋さんを開業しようという人は、少なからず自分のセンスには自信があるでしょう。

しかし、それだけでは不十分なのです。どんなに目利きでも、よい商品や、よい仕入先に出会わなければ、そもそも仕入れることもできません。

巻き込み力を鍛えてよい商品を仕入れよう！

よい仕入先と出会っても、取引条件が折り合わずに取引ができないこともよくある話です。雑貨屋さんのオーナーとして交渉し、どのようなお店をつくるのかを説明し、商談をまとめないといけません。

つまり、仕入れとは、単なる目利きだけではなく、売れる商品や仕入先を探し出し、自分のお店にぴったりの仕入れができるように交渉し、取引条件を決め、商談をまとめる技術のすべてです。「巻き込み力」といってもいいかもしれませんね。

仕入れは難しそう……と感じたでしょうか？　大丈夫です。最初は誰もが慣れないもの。たしかに、仕入れは大変なことも多いですが、もっともやりがいがあるのも仕入れです。

お店がオープンすれば、毎日のように感じると思いますが、自分が仕入れたものが売れると自分自身がお客様に認められたようで本当にうれしい！　のです。この喜びのためにオーナーは、足を棒にしてでも、さまざまな展示会に足を運び、よい商品を探し回るのです。

仕入れに必要な「巻き込み力」!

よい商品のある
メーカーや問屋、
作家さんに出会う力

自店で売れる商品を
見分ける力
(＝目利き力)

必要な数量を
必要なタイミングで
発注する力
(＝数入れ)

巻き込み力

Hint!

- 仕入先に「この店と取引したい!」と思ってもらう
- 自分が「こんなお店をつくりたい」と情熱的に語れる
- 取引条件を交渉する
- 売れ筋商品などの情報を引き出す

lesson 02

これだけは覚えよう！仕入れの基本

これだけは知っておきたい基本用語

仕入れに関する用語は初めて聞くものも多いかと思います。本項では、商談の中で頻繁に出てくる用語をマスターしましょう。

商談では、まず「取引条件」を決めます。これはメーカーも問屋も同じで、発注の前に必ず確認が必要です。「取引条件」の内容は、①掛率、②支払い条件、③最低発注金額、④発注ロット、⑤納品形態があります。

①掛率……生活雑貨の場合は60％（「6掛け」ともいう）前後が多いですが、アパレルやアクセサリーなどのメーカーと直接取引する場合は50％前後になることもあります。

②支払い条件……月末締めの翌月末支払いが一般的で、1カ月分をまとめて支払う方法をとります。それを「掛売り」ともいいます。はじめたばかりのお店は信用がないため、しばらくは仕入代金を現金で前払いで振り込んでから発送される「キャッシュオンデリバリー（COD）」で取引するケースもあります。その場合は、仕入金額が増えてから掛売りができないかを再度交渉します。

③最低発注金額……この金額に満たなくても、送料さえ負担すれば、取引することは可能です。しかし、送料も積もり積もると大きな負担になってしまいます。複数メーカーをまとめて発注できる問屋を活用するなどで乗りきりましょう。

④発注ロット……実際の発注の際に、仕入金額が増えてしまう原因となります。問屋などたくさんのメーカーや商品を扱っている仕入先は小口で対応してくれるところもあるので、確認してみましょう。

⑤納品形態……「買取仕入」「委託仕入」「消化仕入」の3つの形態があります。雑貨業界の場合は一般的には「買取仕入」になっています。ただし、アクセサリーやソックスなど一部のメーカーは季節末期に、売れ残った在庫を一部入れ替えありなど条件付き買取条件もあるので、確認が必要です。

これだけは知っておこう！ 仕入れの基本用語

用語	内容
掛率	「掛率」とは、上代（じょうだい・販売価格）に対して、いくらの下代（げだい・商品原価）で仕入れることができるかを取り決めた数字のこと。一般的には取引期間が長くなったり、仕入量が多くなれば値下げ交渉をすることが可能。
支払条件	締め日と支払い日を設定し、仕入代金をいつどのように支払うかを決定する。一般的には月末締めの翌月末の支払いが多い。最初はお店に信用がないため、前払いのケースも少なくない。
最低発注金額	メーカーや問屋と取引する際に1回あたりの取引で「最低この金額は仕入れてほしい」という金額のこと。多くは下代～3万円で設定されていることが多い。
発注ロット	カタログ等に商品ごとに掲載されており、その商品を発注するために最低必要な数量のこと。ロットが5個であれば、5個や10個など「5の倍数」で注文する必要がある。
納品形態	・買取仕入……売れ残っても返品できない仕入形態で、ほとんどがこの形態。ただし、アクセサリーやソックスなど一部のメーカーは残った在庫の一部入れ替えありなど条件つき買取条件になっていることもあるので、確認が必要。 ・委託仕入……買取仕入に似ており、納品した分の仕入代金は仕入先に支払うが、売れ残ったら、仕入先に返品ができる形態。お店にとっては、リスクが少なく、売る力が強いお店に対して行なわれるケースが多い。 ・消化仕入……百貨店のテナントで主に使われている納品形態で、売れた分だけ商品代金を支払うというお店にとってはもっともリスクが少ない納品形態。メーカーや問屋で消化仕入をしているところはあまりないが、お店が手づくり作家さんに場所だけ貸す「委託販売」がこの「消化仕入」という形態。

lesson

03 仕入先の探し方

どこから仕入先を探したらいいの？

よい商品に出会うためには、よい仕入先に出会う必要があります。それでは、どうすれば自店の雰囲気に合った売れる仕入先に効率よく出会うことができるのでしょうか？

①展示会・合同展示会で探す

新規の卸先を探しているメーカーが一堂に集う合同展が、さまざまな場所で、年何回か開催されています。ここに行けば、たくさんのメーカーに一気に出会うことができます。

もっとも日本で有名で規模が大きな合同展示会は「インターナショナル・ギフト・ショー」です。東京ビッグサイトで、毎年2月と9月に開催されます。気に入ったメーカーと名刺交換をして、カタログを送付してもらいます。

②お店で探す

人気のお店は人気の仕入先と付き合っています。自店が参考にしたいお店に行き、そこに置いてある商品のメーカータグや箱に書いてある連絡先を控えて電話をしてみましょう。「新しく雑貨屋さんを開業予定です。○○店で見たのですが、新規取引をお願いします」ということを伝えて、メーカーの営業マンとの商談のアポイントやカタログ送付をお願いしましょう。

③問屋さんに教えてもらう

複数のメーカーを取り扱っている問屋さんがいろいろな情報を持っており、「こんな商品が欲しい！」という希望を言えば、教えてくれるはずです。この場合、よい問屋さん自体も探さなければいけないのですが、仲良くなったメーカーの営業マンさんに聞いたり、インターネットで検索して調べましょう。

④インターネットで検索する

最近は、インターネットの卸サイトで仕入れるお店が増えてきました。通常のメーカーや問屋も商品を出品しています。掛率は一般的ですが、手軽に仕入れができるので人気です。

おもな仕入先

代表的な合同展示会

インターナショナル・ギフト・ショー	開催時期:2月・9月	http://www.giftshow.co.jp/
アジアでも最大規模の合同展。雑貨業界では毎回参加している人がほとんどです。会場は東京・大阪・福岡とありますが、東京が一番規模が大きいです。		
インテリアライフスタイル	開催時期:6月	http://www.interior-lifestyle.com/
世界へ向けて「ライフスタイルを提案する」インテリア・デザイン市場のための国際見本市。		
JFWインターナショナル・ファッション・フェア(IFF)	開催時期:1月・7月	http://www.senken-ex.com/iff/
繊研新聞社が主催する日本最大のアパレル・服飾雑貨関連の展示商談会。		
【国際】雑貨EXPO	開催時期:1月・7月	http://www.giftex.jp/
雑貨・小物に関するあらゆる製品が、世界中から一堂に出展する商談専門展。		

現金問屋

エトワール海渡	もっとも有名な現金問屋で東京馬喰町にあります。小口で仕入れが可能です。行くだけでも売れ筋情報に溢れ、とても勉強になります。
ファンビ寺内	大阪・福岡に展開している総合型の現金問屋。特にファション関連の商材に強み。

※その他にも多数あります。

ネット卸

スーパーデリバリー	利用者が急増しているネット卸。地方の方には非常に便利。 http://superdelivery.com/

lesson 04

メーカーや問屋との取引のメリット・デメリット

メーカー取引のメリット・デメリット

メーカーや問屋と取引する場合は、それぞれメリットとデメリットがあります。両方の特性を踏まえた上で、上手に使い分けましょう。

大きなメーカーになると、チェーン店とは直接の取引を行ない、小さな雑貨屋さんには問屋経由でしか卸をしてくれない会社もありますので、確認が必要です。

逆に、小さな個性あるメーカーは直接の卸（直取引）のみで卸しているケースが多いでしょう。

メーカーとの直接取引のメリットは、問屋経由で仕入れるよりも掛率が低くなります（一般的には数%以上）。さらに、問屋と違って仕入量が多くなるほど、掛率は低くなりやすいので、お店の利益に直結します。

問屋取引のメリット・デメリット

一般的に問屋というのは、多くの業界でなくなりつつありますが、雑貨業界は小口で取引するメーカー数が多く、問屋経由のほうが便利なこともあります。開業当初は問屋にお世話になることも多いでしょう。

問屋には大きく2種類あります。ひとつはメーカーへの発注を問屋経由で行なう「御用聞き型」の問屋です。仕入れたいメーカーのカタログの手配をしてくれて、注文や在庫確認も問屋経由で行ないます。もうひとつは「エトワール海渡」のような「店舗型」で、こちらから訪問して現物を見ながらセレクトできる現金問屋です。東京・大阪など大都市に存在します。どちらの場合も多くのメーカーの売れ筋情報を持っています。よい問屋との出会いは大切にしましょう。

もちろん、問屋にも取り扱い商品分野で得意不得意がありますので、複数の問屋との取引をしているお店も多く存在します。まずは敷居の低い問屋中心で仕入れをし、取引額が大きくなってからはメーカーとの直取引に移行するとよいでしょう。

メーカー・問屋との取引のメリット・デメリット

取引		メリット・デメリット
メーカー	メリット	・問屋経由よりも掛率が安い(数%~5%程度) ・取引金額が大きくなるとさらに掛率を下げることもできる ・商圏内で独占的な取り扱いができるケースが多い ・売れ筋情報など最新の商品情報を持っている ・商品へのこだわりなど詳しい商品情報も得ることができる
	デメリット	・1回当たりの最低発注金額が1社3万円などで設定しているところが多く、開業当初の発注量では満たすことが難しい ・小さな雑貨店は取引量が少ないため、相手にしてくれないこともあり、問屋を紹介されるケースも
問屋	メリット	・問屋1社で複数のメーカーの商品を仕入れることができる ・メーカーよりも少ない発注金額やロットでできる問屋もある ・いろいろなメーカーの情報を持っており、アドバイスもくれる ・現金問屋では現物を確認しながら、1個からの仕入れが可能
	デメリット	・メーカー取引より、掛率が数%高い ・取り扱い量が増えても、あまり掛率は下がらないことが多い ・現金問屋では同じ商品が出回っていることも発生する

lesson

05

取引先に応援されるお店になろう

取引先との人間関係をつくろう

繁盛しているお店を見ていると、取引先との信頼関係を非常に大切にしています。取引先から応援されないようなお店はお客様からも応援されないということを肝に銘じましょう。

最初の商談ではすぐに「いくらで仕入れができますか？」と条件面の話に終始する人も多いようですが、それではいけません。取引先も「精魂込めてつくった商品を大切に売ってくれるお店かな？」と判断していますので、自分がどんなお店をつくりたいかを熱く語りましょう。そして、取引先が協力したくなるようにすることが大切です。

担当営業マンは、たくさん売ってくれるお店を優遇するのはもちろんですが、それ以外で優先するのは熱心に売ってくれるオーナーです。よい関係を築けば、真っ先によい情報や売れる商品や掘り出し物などを持ってきてくれます。

取引先はお店を一緒につくるパートナーです。信頼してアドバイスを求めるなど、しっかりとお付き合いをしていきましょう。

商取引の基本はきちんと守ろう

商取引上の基本的なルールやマナーを守ることで、取引先からも信頼されるようになります。特に支払いは期日通りに行なうように気をつけましょう。

取引先にも都合がありますので、もし、万が一遅れるようであれば、事前の連絡が必要です。特に企業に勤めているときはあまり意識しないことかもしれませんが、お金の支払いに関しては期日通りにきっちりと支払い続けることが信用につながるのです。逆に期日が守れないと信用されず、よい情報も商品も手に入れることができません。

長く続いているお店は、支払い日は絶対に遅らせないというポリシーを持っています。取引先に対しても、お客様に対しても、「信用」を大切にしているお店が繁盛するということは、これからお店をはじめる方に覚えておいていただきたいことです。

郵便はがき

料金受取人払郵便

神田支店
承認
8175

差出有効期間
平成28年7月
14日まで

101-8796

511

(受取人)
東京都千代田区
神田神保町1－41

同文舘出版株式会社
愛読者係行

毎度ご愛読をいただき厚く御礼申し上げます。お客様より収集させていただいた個人情報は、出版企画の参考にさせていただきます。厳重に管理し、お客様の承諾を得た範囲を超えて使用いたしません。

図書目録希望　有　無

フリガナ お名前		性別 男・女	年齢 才
ご住所	〒 TEL　(　)　Eメール		
ご職業	1.会社員　2.団体職員　3.公務員　4.自営　5.自由業　6.教師　7.学生 8.主婦　9.その他(　)		
勤務先分類	1.建設　2.製造　3.小売　4.銀行・各種金融　5.証券　6.保険　7.不動産　8.運輸・倉庫 9.情報・通信　10.サービス　11.官公庁　12.農林水産　13.その他(		
職種	1.労務　2.人事　3.庶務　4.秘書　5.経理　6.調査　7.企画　8.技術 9.生産管理　10.製造　11.宣伝　12.営業販売　13.その他(　)		

愛読者カード

書名

お買上げいただいた日　　　　　年　　　月　　　日頃
お買上げいただいた書店名　　（　　　　　　　　　　　　）
よく読まれる新聞・雑誌　　　（　　　　　　　　　　　　）
本書をなにでお知りになりましたか。
1．新聞・雑誌の広告・書評で　（紙・誌名　　　　　　　）
2．書店で見て　3．会社・学校のテキスト　4．人のすすめで
5．図書目録を見て　6．その他（　　　　　　　　　　　）

本書に対するご意見

ご感想

●内容	良い	普通	不満	その他（　　　）
●価格	安い	普通	高い	その他（　　　）
●装丁	良い	普通	悪い	その他（　　　）

どんなテーマの出版をご希望ですか

<書籍のご注文について>

直接小社にご注文の方はお電話にてお申し込みください。宅急便の代金着払いにて発送いたします。書籍代金が、税込1,500円以上の場合は書籍代と送料210円、税込1,500円未満の場合はさらに手数料300円をあわせて商品到着時に宅配業者へお支払いください。

同文舘出版　営業部　TEL：03－3294－1801

取引先との付き合い方

1 実際に取引先に会おう

カタログとTEL・FAXだけでやりとりしているケースも多く見られますが、できれば実際に会って商談しましょう。面と向かっての商談が商売の基本です。

2 どんなお店をつくりたいか熱くアピール!

どんなお店をつくりたいかをしっかりアピールして、取引先が協力したくなるようにしましょう。

3 商取引の基本は「信用第一」

①支払いを期日通りにしっかりと行ないます(とても大切!)。
②仕入れた商品は一生懸命売りきりましょう!

4 「情報」をどんどん引き出そう

取引先の営業マンは「売れ筋情報」や「他店情報」などたくさんの最新情報を持っているものです。遠慮せずに教えてもらいましょう。

Hint!

最終的には人と人との信頼関係が大切です。
最初はたくさん仕入れることができないかもしれませんが、
熱意ある応対でカバーしましょう。

lesson

06

作家さんとの上手なお付き合いの仕方

どこで作家さんを発掘するの?

個性的な手づくり作家さんの一点モノの作品は他店にはない商品なので、大きな差別化となります。それでは、作家さんはどのように発掘し、どのように取引をしていけばよいのでしょうか?

その手段のひとつとして、作家さんが集まる合同展示会や大型商業施設が主催する催事などがあげられます。一度に大勢の作家さんに出会うことができますし、自店のコンセプトに合いそうな作家さんに直接商談を申し込むことができます。

商談では、作品のテイスト・価格がお店のコンセプト・ターゲットに合っているかどうか、現状取り扱いのある作家さんと重複していないかを判断しましょう。また、商品クレームなどで真摯な対応をしてくれるかどうかなど人柄も選考の重要なポイントです。

それ以外では、作家さん個人のホームページやブログの他、ポータルサイトなどで出会うことができます。遠方の場合は、作品のカタログやサンプルなどを送ってもらって選考します。

後でトラブルにならない取引条件の決め方

取引条件はお店にとってメリットの高い「委託販売」として交渉しましょう。これは、売れた分だけ商品の代金を支払う取引形態です。

その他、商談では、掛率・支払い条件、送料や不良品の処理、展開期間・振込手数料負担など細かいことを確認する必要があります。これらの取引条件は口頭だけではなく書面で残したほうが確実です。

作家さんの個性を生かした展示をしよう

個性ある作家さんの商品といえども、ただ置いているだけでは売れません。作家さんのプロフィールや商品の背景を説明したPOPなど、商品がもっと輝くための「ストーリー性」が必要です。

作品のモチーフや材料へのこだわりなど、商談時にはお客様が買いたくなるような情報を作家さんからたくさん引き出しましょう。それをお客様に売り場でお伝えして、販売するのです。

大きな差別化になる手づくり作家さんの一点モノ

インターネットで検索
合同展示会の開催情報を検索したり、
作家さんの情報を検索します。

↓

展示会に参加
自店のコンセプトに合う作家さんを探して、
商談のアポイントをとります。

↓

商談
作家さんの商品の確認と
今後の取引形態・条件を決めます。

↓

取引スタート
店頭ではお客様に作家さんの価値が
伝わるように売り場提案や接客をします。

＼個性的な一点モノ！／

lesson

07

お店の在庫はどれだけ持つべきか？

持ってよい在庫は月商の最大3カ月分

店舗の広さと品揃えの方向性が決まった段階で決めなければならないのは、在庫金額をどれだけ置くかです。この在庫金額を決めないと、いま考えている品揃えも「絵に描いた餅」になってしまいます。

雑貨屋さんの場合、1カ月の売上目標金額が100万円であれば、持ってよい在庫金額は3倍の300万円までです。この金額を超えると在庫過多になり、お店としてお金のやりくりが難しくなります。

特に資金の少ない開業当初の場合は、2カ月分以内にするほうが無難でしょう。たくさん仕入れても、最初から「売れすぎて困る」というケースは少ないので、売れなければ、すぐに資金がショートしてしまいます。

この基準で在庫金額を考えると、意外と商品を仕入れることはできない、ということに気がつくでしょう。実は、ここからが品揃えを考える本番がスタートするのです。

自分が本当にしたい品揃えをもう一度考える

ここで改めて「自分が本当にしたい品揃えとは何だろう？」というテーマに向き合うことになります。限られた条件の中で、どのような品揃えをすれば自分のやりたいお店に近づくのか、もう一度考えてみましょう。

ここでやるべきことは、「絞る」作業です。自分がつくりたいイメージを、さらに細かく具体化していきましょう。「1960年代のフランス・プロヴァンスにある女優の別荘」など、どんどん絞り込んでいきます。ターゲット（年齢・テイスト・ライフスタイル）、場面（カテゴリー）、国・地域、時代、色・柄（メインカラー・色調）・素材（麻・綿など）など考えるポイントはたくさんあります。

この「絞る」作業が一番苦労するかもしれません。しかし、この品揃えをもう一度突き詰める作業こそが、お客様に伝わるあなたのお店「らしさ」につながるのです。

お店の在庫はいくら持つのが正解？

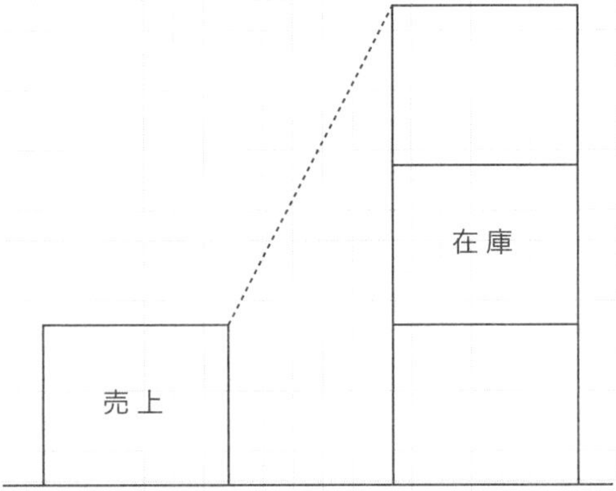

売上目標
100万円／月

→

在庫目標
300万円(上代)

最初に持ってよい在庫金額は
目標の月商の最大3倍までにする

Hint!

在庫を絞り込み、品揃えをもう一度突き詰めましょう。

lesson

08

オリジナル商品のメリット・デメリット

自分のお店にしかないオリジナル商品

ショップをはじめるときは、誰もが自店にしかない「オリジナル商品」をつくりたいということを考えるものです。オリジナル商品とは、「このお店にしかない」もので、お客様がわざわざ買いに来る商品です。

オリジナル商品にも「完全別注」「色柄別注」「型留め」など種類があります。

メリット

オリジナル商品のメリットは、何と言っても、あなたのお店にしかない商品ができるということです。自分のお店の客層・テイストに合わせた商品をつくることができますし、お客様も「このお店にしかない」商品を買う満足感が生まれます。

また、一般的には原価が通常の仕入れよりも安くなり、利益をしっかりと確保できます。

デメリット

デメリットとしては、支払いが大変（前払い・一括払い）、在庫の保管スペースがないということがあげられます。オリジナル商品はロットが大きく、一気に入荷してきます。商材にもよりますが、数百点単位以上のロットが求められることが多いです。

オリジナル商品にチャレンジしたオーナーの共通した声として、「倉庫に積み上がった商品を見て、これは本気で売らないとお店がつぶれると感じた」ということが多く聞かれます。

また、仕入れの支払いも、数百万円単位の資金が一気に流出することも珍しくはありません。

オリジナル商品はオープン後に考えよう

オリジナル商品は成功すれば、利益もブランドイメージもアップします。しかし、お店をオープンする前の、どれくらい売れるかわからない段階では控えたほうがよさそうです。

オリジナル商品にチャレンジするのは、お店のオープン後に、実際の客層や売れ筋を判断してからでも遅くはありません。

オリジナル商品のメリット・デメリット

メリット

- あなたのお店にしかない商品
- 固定客がつくりやすい
- 利益をしっかりと確保することができる

デメリット

- 商品代金の支払いが大変（前払い・一括仕入れ）
- 保管スペースが必要（一気に入荷することが多い）

Hint!

最初はオリジナル商品に
こだわりすぎなくてもよいでしょう。

lesson 09

難しい季節商品の仕入れ

売上が大きい季節商品

雑貨屋さんで取り扱う商品は大きく2つあります。それは、「定番商品」と「季節商品」です。

定番商品は、年中売れる代わりに大きな売上にはなりません。たとえば、食器や文房具など大きくは売れないけれど、継続的に売れる商品が代表的な定番商品です。

売上に大きく貢献するのは、季節商品です。たとえば、11月・12月には手帳売り場に人が殺到していますよね。このように、年中は売れないけれども、ある一時期に集中して売れるのが、季節商品です。

季節商品は追加仕入れが難しい

季節商品は、売れる期間は限られていますが、この商品をどれだけ上手に仕入れるかどうかで売上が大きく違ってきます。「季節商品」の仕入れは一般には難しいとされています。なぜ難しいかというと、

- 流行に左右される傾向が強い
- 何がいくつ売れるかわからない

という理由もあるのですが、やはり一番は、

- 追加補充がしにくい

という点です。

定番商品は売れた分だけ追加をすればよいのですが、季節商品は一時期のみしか売れないので、メーカーもあまり数量を多くつくりたがりません。つまり、品切れが発生しやすくなるということです。かといって自店の売り場ですぐに売切になってしまっては、お客様の期待に応えることができません。

ちょっと強気！な仕入れがポイント

季節商品の仕入れのポイントは、「何個売るかを決めてから仕入れをする」ことです。オーナーが何個売りたいか？によって売上は大きく左右されます。

開業の初年度は、リスクが低い定番商品を中心に取り扱いをしていきましょう。そして、少し慣れた2年目以降から毎年、季節商品へのチャレンジと検証をくりかえすことで、精度の高い仕入れができるようになります。

売上を上げるための季節商品

区分	特性	補充方法
定番商品	・継続的に売れる ・大きな売上にはなりにくい	補充発注
季節商品	・大きな売上になりやすい ・流行に左右される ・いくつ売れるか予測が困難 ・追加発注がしにくい	見込み発注

代表的な売れる季節商品

春夏	ランチボックス・雨具・レジャーグッズ・UV対策商品・ひんやりグッズ
秋冬	ブランケット・加湿器・防寒着・クリスマス関連品・手帳・バレンタイン関係

Hint!

[開業1年目]

リスクの少ない定番商品を中心に仕入れましょう。

[開業2年目以降]

売上のとれる季節商品にチャレンジしましょう！

lesson

10

年間売り場カレンダーをつくってみよう

仕入れは早めの準備が大事

仕入れをするうえでとても大切なこと、それは「何を」「いつ」仕入れるかです。どんなによい商品でも、売れるタイミングを逃すとまったく売れない商品になってしまいます。

たとえば、クリスマス関連の商品はいつから展開するかというと、早いお店は10月後半から、遅いお店でも11月初旬から展開をスタートさせます。11月前半が一番売れて、12月に入った頃には、売れ筋在庫もガタガタになり、一部のお店では売りきるために早くもセールをしているところもあるくらいです。

しかし、おもな国内メーカーは夏頃には注文を締め切っています。つまり、かなり早い時期から準備しないと、遅い立ち上がりとなってしまうのです。

このように変化のある楽しい売り場を提案し続けるためには、事前に「何を」「いつから」展開するのかを決めておく必要があります。

いまは現金問屋やネット仕入れなどさまざまな方法がありますが、計画的に仕入れをするという基本は変わりません。

お客様の動きを見ながら、年間計画を立てよう

計画的な仕入れをするために、お店の「年間売り場カレンダー」（左ページ）をつくってみましょう。

このカレンダーには、四季のイベントである「歳時記」や「お客様の動き」を記載していきます。これで世の中の動きが一目でわかります。

そして、自店で「何を」（どのような商品を提案していくのか）、「いつから」（いつはじめて、いつ終わるのか）取り組むかを記入していきます。自店のお客様の動きに合わせた計画的な仕入れができるようになります。また、売り場のスペースにも仕入金額にも限りがある中で、重複などのムダな仕入れも抑えることができますし、うっかり仕入れ漏れなどというミスもなくすことができます。

売り場カレンダーは毎年更新して、仕入れの精度を上げていきましょう。

年間売り場カレンダーの例

シーズン		スプリング・シーズン		
		2月	3月	4月
社会行事		14日　バレンタインデー	3日　ひな祭り 14日　ホワイトデー 23日　春分の日	29日～　GWスタート
お客様の動き		◎3日の節分、4日の立春など新年の行事が続く。 ◎中旬はバレンタインデー。小物のギフト需要。 ◎3月からの新しい生活の準備。	◎卒業など「別れ」のシーズン。送別品などのギフト需要が増加。 ◎入園・入学・入社・引越しなど新しい生活の準備。 ◎春に向けて洋服・家の中も模様替えがスタート。	◎新しい年度のはじまり。学校や会社でも歓迎会の開催。 ◎ゴールデンウィークに向けた旅行や外出の準備がスタート。
メインディスプレイ	上旬	バレンタインデー	ホワイトデー	新生活提案
	中旬	バレンタインデー	ホワイトデー	母の日
	下旬	ホワイトデー	新生活提案	母の日
売り場のポイント（販売・販促のポイント）		◎バレンタインギフト特集 1月後半から2月上旬は、バレンタイン需要が増加。チョコレートにマグカップ・ハンカチ・ソックスなどをセットにして客単価アップ作戦。 ◎春を先取りした売場提案 2月は気温も購買意欲も低下。年間でもっとも厳しい月。「桜」など春のテーマを先取り、冬物処分を確実にやりきる。売場が華やぐような売り場づくりを行なうことが必要。	◎送別会用ギフトが集中 送別品などプチギフトが増加。500円以下のプチギフトから1,000円予算までギフト提案を充実させる。また、内祝いなどのギフトの需要も高まる時期。 ◎新生活の提案 新生活をスタートさせる人に向けて、衣食住の生活提案。入園・入学や一人暮らし・引越しなど生活スタイルが一気に変わる時期。色で統一するなどシリーズ商品が動きがよい。	◎母の日の提案スタート エプロン・ポーチやUV対策など品揃えの幅を広げる。またポストカードや造花などで日頃の感謝を伝える演出のお手伝いをする。 ◎ゴールデンウィーク対策 上半期での売上のピーク。行楽グッズの品揃えと初夏衣料の動きが一気に出る。また日差しも強くなるので、帽子などUV対策商品も動く。

最初はここまで細かくなくてよいので、
自分のお店の立地・客層に合った
年間売り場カレンダーづくりにチャレンジしてみましょう。

Part

7

初めてでも売れる売り場のつくり方

lesson

01 入口で差がつくお店の魅せ方

売れるお店への第一歩！ファサードづくり

売れるお店とは、単純に言うと、「お店に入る入店客が多い」お店です。それでは、入店客はどうすれば増えるのでしょうか？

ポイントはずばり、「ファサード」の魅力です。ファサードとは、お店の入口のことで、お店の「顔」です。最初のうちは、お店でアンケートをしても「ファサードがよかったので入った」という声が半数以上を占めることがあります。お店も人と同様、「第一印象」が非常に重要なのです。

ファサードづくりは「何屋かわかる」ことが大切です。つまり、一目でそのお店のコンセプトや強みがわかるかどうかということです。

具体的には、「そのお店のイメージしているターゲットやテイストが明確になっているかどうか？」、そして「主力商品や主力テーマが明確になっているかどうか？」をポイントにしてファサードづくりをしてください。

ファサードのレベルがお店のレベル

雑貨屋さんは、お客様が入った瞬間にワクワクさせなければいけません。たとえば、

- 入口の演出(ガーデニンググッズで別空間を演出)
- 見通し感(店の外から奥まで見通すことができる)
- テーブルでの演出 (その季節の生活を提案)
- 変化がある(2週間に1回テーブル演出を変える)

など、工夫をすることが大切です。

特に最後の「変化」は大切です。お店に入るお客様は「いつも前を通って、気になっていた」というお客様が多いものです。ファサードに変化があると「何か新しい商品が入ったのかな？」「季節感のあるお部屋に模様替えしようかな」などと、お客様の気持ちにも「変化」が発生して、「ちょっとだけお店を見ていこう」と入店につながるのです。

ファサードで本当に入店率が変わります。あなたのお店でどのようなファサードが一番反応がよいか、実践しながら、レベルを上げていきましょう。

思わず入りたくなるファサードをつくろう

Hint!

- 「何屋」か一目でわかりますか?
- 季節感がありますか?
- 楽しくなるような演出はしていますか?

lesson

02

繁盛店のレイアウトのポイント

レイアウトをつくる順番

売り場のレイアウトをつくる手順は、次の5つの流れで行ないます。

①レジの位置を決める

これがすべてのはじまりです。場所は売り場の一番奥がよいでしょう。入口から順番に商品を見ていって、最後にレジに辿り着くようにすると、まんべんなく売り場を回ってもらうことができます。

②ゾーニングを決める

ゾーニングとは、売り場の「おおまかな配置」のことで、部門の場所を決めることです。この際にお客様が「買い回り」しやすいように、関連した部門は隣接させます。

また、お店の入口周辺やレジ前には、アクセサリーやお菓子など「ついで買い」されやすい商品を置いたり、店奥には接客が必要なアロマを置くなどの工夫が必要です。

③導線を決める

導線とは、お客様が歩く通路のことです。売り場を「回遊」してもらうためには、十分な広さの通路が必要です。通路は、最低でも人がすれ違うことができるくらいの幅（90cm以上）は必要でしょう。ベビーカーが多いお店などは、もう少し通路を確保する必要があります。

④什器の配置を決める

次項で詳しく説明しますが、一般的な什器の寸法をもとに自分で図面に書き込んでいきます。その際に横幅や高さだけではなく、什器の色や材質など具体的なイメージがあるとよいでしょう。什器の大きさや形状、③の導線についても図面に書き込んで、何個ぐらいの什器が入るのかを見ましょう。

⑤商品の配置を決める

「バス用品」という大きな部門レベルではなく、細かく「入浴剤」などというように、商品を仕入れさえすればすぐにでも売り場づくりができるレベルまで細かく落とし込みましょう。

売り場のレイアウトを作成してみよう

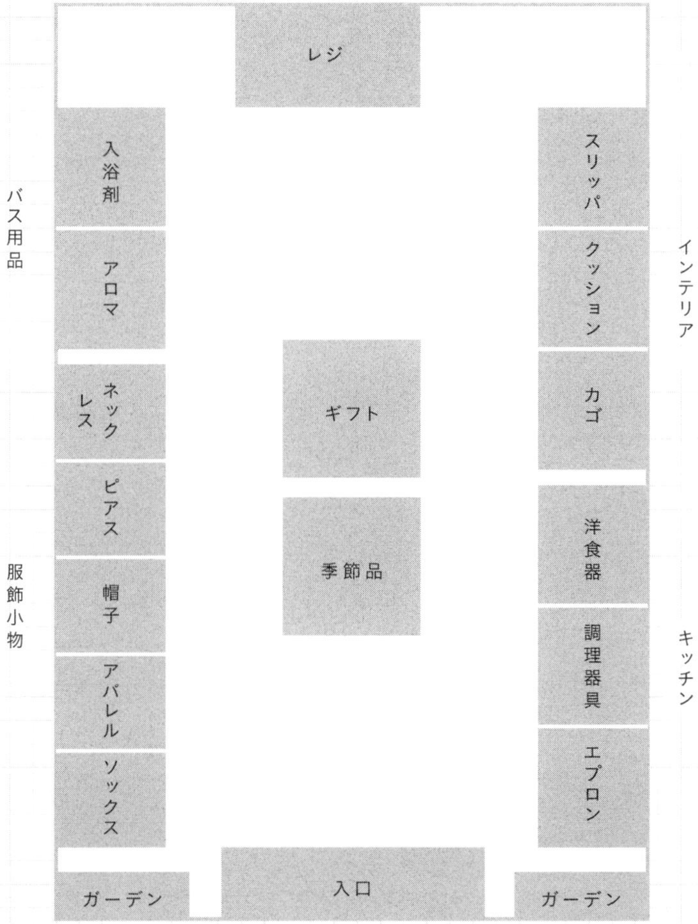

lesson

03

売り場で使う什器の基本

什器を購入するときのポイント

売り場で商品陳列用に使用する棚やハンガーなどを「什器(じゅうき)」と呼びます。什器の購入には、①什器メーカーから買う、②施工会社に製作を依頼する、③自分でつくる、④アンティーク家具を使うという選択肢があります。什器によって使い分けましょう。

①は一番選択されやすい方法です。「店研創意」などが有名で、ネットからでも購入できます。メリットとして、買い足しができるという点です。実はこれは意外と盲点で、あとから売り場変更で棚だけ買い足すなどといったことは、必ず発生します。これをオリジナル什器でやっていると、追加で製作することになりコストが割高になり、時間もかかります。デメリットとしては、購入しやすい分、他のお店でも使われている一般的なタイプの什器となります。しかし、最近はアンティーク加工の什器など質も向上しています。

②③は「つくる」という選択肢です。前に説明したように、イメージに近いものができ上がる反面、オープンしてからの買い足しが不便などのデメリットがあります。

④のアンティーク家具など什器以外のものを什器として使用するということも検討しましょう。お店に少しあるだけで、印象がガラッと本格的な雰囲気に変わります。デメリットは、もともと商品を陳列するように設計されていないため、商品量が十分に置けない場合が多いという点です。

いろいろなパターンを組み合わせてみよう

このように見てみると、什器は店内の場所や役割によって、複数のパターンを組み合わせるとよいでしょう。イメージ演出用のテーブルは雰囲気のあるアンティーク家具を使い、商品をたくさん陳列する場合には什器メーカーの什器、レジカウンターは自分のイメージにぴったりのものを施工会社につくってもらう……というように、用途に応じて使い分けてみてください。

売り場で使う什器の基本

棚什器

棚を3～4枚取りつけて使う。高さは130cm程度から壁面で使うような180cm以上など。

棚

横幅は60cm・90cm・120cmなどが一般的。奥行も30cmから45cmなどさまざま。

回転什器

ソックスやポストカードなど種類がたくさんある商品を少ないスペースで大量陳列。

テーブル什器

主にディスプレイなどの演出で使用。横幅は60cmから、高さは90cm前後が一般的。

ボックス

立体感が出せるため、イキイキとした陳列に早変わり。

ネット什器

回転什器同様に多くの種類を陳列できますが、一目で全商品を一覧できるのが特長。

lesson

04

棚割をつくろう

棚割でもっと素敵なお店にしよう!

売り場図面を作成し、什器を手配する前にぜひやっていただきたいのが、「棚割」をつくることです。

棚割とは、什器内における細かい商品の配置図のことです。意外とやっている人は少ないようですが、

1 計画的な仕入れができる
2 より魅力的な売り場づくりができる

という2つの大きなメリットがあります。

ある有名な雑貨屋さんのオーナーは、仕入れをする際に、頭の中で棚割をパパッとつくって、売り場でどのような陳列をするかという完成図をイメージしてから、仕入れをしているそうです。

棚割のつくり方自体は非常にカンタンで、手書きでもかまいません。まずは什器の形状や棚数などを紙に書きます。そして売り場の完成形をイメージして、どの棚にどんな商品を置くかを書き入れます。

ポイントは、商品それぞれ大きさがありますので、そのサイズを考えて何種類置けるかを考えることです。

たとえば、棚什器の横幅が90㎝で、「入浴剤」を陳列したいとします。一般的な入浴剤1個の横幅が8㎝だとすると、最大でギリギリ11種類陳列することができるということになります。

これは仕入れのときの重要ポイントで、たとえば13種類だと多すぎて陳列できない商品が発生しますし、9種類だと不足して場所が余ってしまいます。つまり、「棚割」がないと行き当たりばったりの仕入れと売り場づくりになりがちだということです。

棚割でムダなコストを抑えられる

仕入れというのは、仕入れ「すぎる」ことはあっても「足りない」ということはあまりありません。そうすると、売り場に出したいけど出せない、つまり仕入れたけれども、在庫として眠ったままというもったいないことが発生します。これは開業当初で資金があまりないときは痛いですよね。

棚割により、自分の理想とする売り場に近づきやすくなります。

棚割を作成してみよう

棚割

それぞれの什器に対して

- どの商品部門のどの商品をどの段に何フェース並べるか?
- 陳列する在庫数はいくらにするか?

などを計画すること。

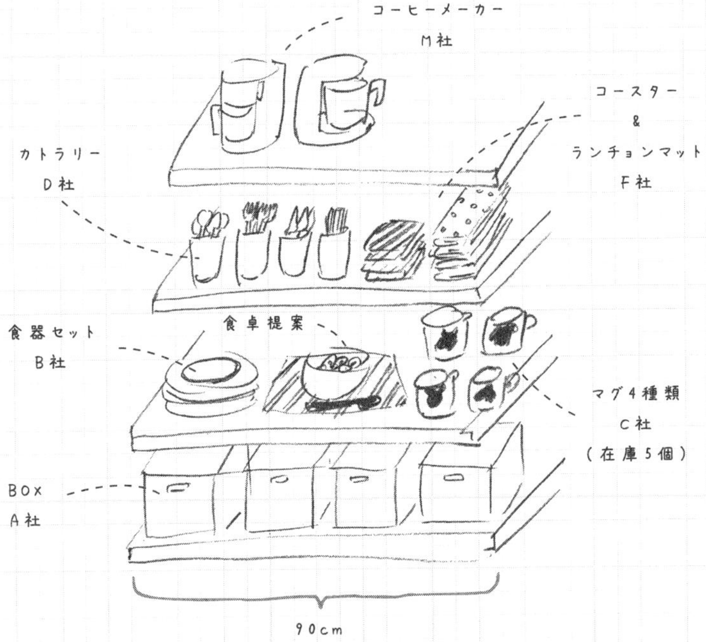

Hint!

棚割表を事前に作成することで、開店準備の売り場づくりがラクになり、ムダのない計画的な仕入ができます。棚割表は手書きのカンタンなものでOK!

lesson

05

陳列の基本ルール

陳列は「高さ」がポイント

什器のどの高さに陳列するかで、売れ方が変わりますので、陳列する商品も当然変えます。まずは陳列の基本ルールをマスターしましょう。

●ゴールデンゾーン（120〜150㎝）

もっとも売れる場所です。ここには自信のある「売れる商品」を陳列しましょう。その他、伸び率が高い、競合店にはない商品や、定番商品、季節商品など、売って稼げる「主力商品」を陳列する場所です。たとえば、冬のキッチン売り場であれば、季節的に売れやすいマグカップなどです。

●シルバーゾーン（60〜120㎝）

ここは、自分が「売りたい」商品を陳列することで、あなたのお店の「らしさ」を提案する場所です。低単価で点数がたくさん売れる「集客商品」か単価の高い「稼ぎ商品」を陳列するとよいでしょう。ゴールデンゾーンに陳列した主力商品の関連商品を置けば、セット買いで客単価の向上も狙えます。キッチン売り場であれば、マグカップと関連するティーバッグやチョコレートなどのお茶菓子が「集客商品」、単価の稼げるコーヒーメーカーなどが「稼ぎ商品」といえるでしょう。

●ディスプレイゾーン（150㎝〜）

お客様の手が届きにくいところなので、陳列ではなく、ディスプレイでその什器のテーマを一目でわかるように表現します。テーブル上のライフスタイル提案としてマグカップ、テーブルクロス、コースターなどテーマを決めて、「こんな生活がしたい」というシーンをつくります。その他、ギフトラッピングの提案なども可能です。

●ストックゾーン（〜60㎝）

お客様がしゃがまないと触われない場所なので、「売りにくい商品」（回転が遅い商品を置きます。あるいは以前は売れていた商品や、一部の色の商品だけ売れてしまい、きれいな陳列がしにくい商品を並べます。

売れる商品は売れる場所に陳列しよう！

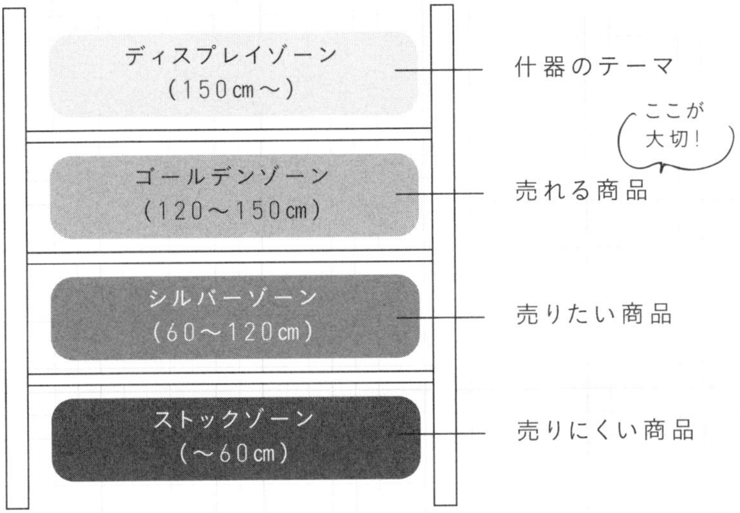

Check!

- 1.一番売りたい商品を陳列しているか □
- 2.ボリューム感があり、空きスペースが目立っていないか □
- 3.商品のフェイス（顔）が正面に向いているか □
- 4.商品を前出し陳列により、空きがないようにしているか □
- 5.売りたい商品のフェイス数を増やして、強調しているか □
- 6.売りたい商品の在庫は十分にあるか □
- 7.POPなどにより価値を上げる提案になっているか □

lesson

06

思わず欲しくなるディスプレイのコツ

魅せる！ テーマ×カラー×三角形

なんてことのない商品でも「買いたい！」と思わせる技術、それがディスプレイです。ディスプレイのレベルが高いお店ほど、お客様が「ステキ！」と思う確率が高くなります。

ディスプレイが上手になるためには、実際に練習をたくさんするしかないのですが、プロのコーディネーターが意識して実践しているテクニックをご紹介します。

● テーマがあるディスプレイが心を動かす

まず、ディスプレイにはどんなにカンタンでもよいので、「テーマ」をもうけましょう。テーマがあることで、あなたがお客様に伝えたいことが具体的になります。

同じ商品のディスプレイでもテーマが明確かどうかで伝わり方は大きく異なります。単なる「朝食」よりも、「オーガニックな野菜サラダで健康朝食」という絞ったテーマのほうがより明確に伝わります。

● わかりやすいカラーの統一

「カラー」の統一がもっともビジュアルとして訴えることができます。人間が一瞬で認識できるのはカラーだからです。人目を引くカラーのコツは、同系色でまとめる方法がもっともカンタンでしょう。また、同系色の中に補色（色相関の正反対にある色）を使うのも効果的です。

● 魔法の「三角形」でプロ並みのディスプレイに！

最後のテクニックは「魔法の三角形」の法則です。商品の配置は、三角形になっていることがもっともきれいに見えるといわれています。

また、中級テクニックとして、三角形を複数重ねるテクニックもあります。立体的に見せる「三角形の法則」はぜひマスターしたいテクニックです。

これ以外にも小物を絡ませるなどさまざまなテクニックが存在します。モデル店を研究したり、自店で実験したりしながら、自分なりのディスプレイテクニックを開発していきましょう。

季節別のカラーのポイント

春	ピンク・サックス・クリーム・エメラルドグリーン	パステルカラー
夏	ロイヤルブルー・黄色・グリーン・オレンジ	原色
秋・冬	ワインレッド・ゴールド・モスグリーン・ブラウン	実りのカラー

これだけで見違える！ 三角形の魔法

魔法の三角形を複数組み合わせてもOK!

lesson

07

POPにも「らしさ」を出そう

POPはお店のこだわりを見せるツール

人気になるお店と人気にならないお店の差のひとつに「細部へのこだわり」があります。その「細部」のひとつがPOPです。

人気のお店のPOPは、サイズ・形・色、そして貼り方にいたるまで、すべてにこだわりを感じるものです。POPを「たかがPOP」といっておろそかにするお店ほど、それ以外のことにもこだわりがなく、どこにでもある普通のお店になってしまう傾向が強いと思います。

まずは基本の型を押さえよう

それでは、POPづくりにおいて、どのような点に注意すればよいでしょうか？

POPづくりでもっともやってはいけないのは、①POPのイメージがお店と違う、②POPごとに基本の型・サイズがバラバラというケースです。POPも売り場の重要な要素だと考えて、基本の型をしっかり押さえましょう。

まず決める必要があるのは、①サイズ（商品の大きさに合わせて2～3種類ほど）、②デザイン（色や形状、枠取り、ショップロゴを入れるか）、③紙質、④POPスタンド（アクリル製・木製・鉄製など）、⑤POPの種類（どんな用途か）です。

あなたのお店の商品をもっと伝えよう

POPは、①プライスカード(商品名と価格だけ)、②商品説明POP(商品名と価格、商品の説明が入ったPOP)、③ランキングPOP（お店の人気商品をアピールするPOP）、④おすすめPOP（お気に入り商品をアピールするPOP）、⑤サービスPOP（無料ラッピング承りますなどサービスに関する告知）というように、用途別につくりましょう。

雑貨屋さんには、一目ではわかりにくい商品もたくさんあります。また、商品が持つ背景(ストーリー)もお客様に伝えたい大切な要素です。商品のすべてを伝えきるようなPOPづくりをめざしましょう。

POPは優秀な「無言の販売員」

1 プライスカード

商品名とプライスだけのシンプルなPOP 。

2 商品説明POP

商品の特徴や使い方など、接客をしているような内容のPOP。

3 ランキングPOP

売れ筋をもっと売るためのPOP。商品の範囲を絞るとより効果的。

4 おすすめPOP

オーナーがおすすめする商品につけるPOP。大好きな商品に!

lesson

08

コンセプトを表現する売り場の演出方法

売り場演出で店の雰囲気がランクアップ！

3章でもお伝えしましたが、コンセプトを売り場でどのように表現するかということは非常に重要です。そのためには、「一目でコンセプトがわかる」売り場演出が必要です。

お客様が「このお店で買いたい！」と思うかどうかを決める大きな要素のひとつは「雰囲気」です。数多くの雑貨屋さんがある中で、商品だけでは差別化が難しくなってきたいま、この「よい雰囲気」をどれだけつくれるかがとても重要です。

これだけで見違える！コンセプトを表現

お店をつくる際は、細かな陳列以前に、まずどのように売り場の雰囲気をつくっていくかということを考えましょう。そして、そのイメージに近い本や雑誌、映画のワンシーンなど参考になるようなモデルを探します。一から自分でイメージをつくるのは難易度が高いので、まずはモデルを参考にしたほうがよいでしょう。そして、そこにある家具や小物などを次々にリストアップしていきます。

たとえば、フランス風雑貨店であれば、アンティーク家具やブリキの小物、造花やリース、ガーランド（植物）、アンティーク調のボックス、さらにはエッフェル塔の置物などが代表的な演出小物でしょう。

その他のコンセプトでは、アメリカン雑貨店であればピンボール台やコカコーラのブリキの看板、エスニック雑貨店であれば、その国の神様の木の置物や民族楽器など、少し考えただけでもたくさんの小物が浮かんできます。

コンセプトごとに使う演出小物はそんなに多くの種類はありません。あなたが好きなお店や参考にしているお店でどのような演出をしているか、それ以外にも床材やその色、ライティングはどうしているかなど、参考になる点はたくさんあるはずです。

映画監督になったつもりで、商品だけではなく、売り場全体をどう演出するかという視点でモデル店で勉強してみましょう。

コンセプトを演出する小物たち

フランス風雑貨店のケース

1 エッフェル塔

フランス風雑貨店の定番小物といえば、これ!

2 グリーン

グリーンがあるだけで、店内はグッとナチュラルな印象に。

3 ブックボックス

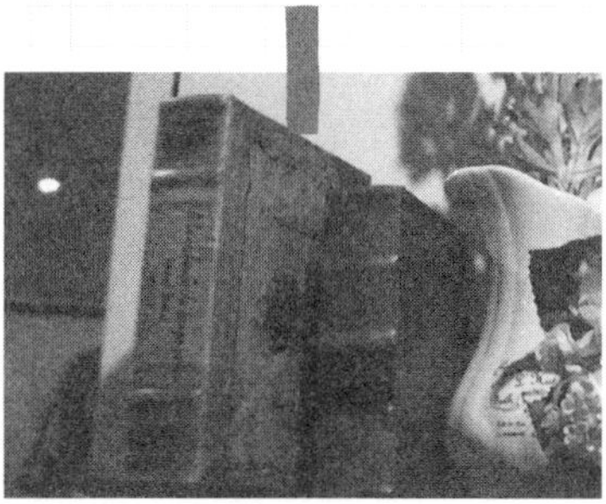

こちらもフランス風雑貨店の定番的になりつつある小物。

4 アンティーク小物

お店のコンセプトに合わせて、活用してみて。

Part

8

お客様が集まる販促のアイデア

lesson 01

これだけある！販促の種類

雑貨屋さんの販促は大きく分けて2種類

お店がオープンしてからほとんどのお店が一番苦労すること、それは「集客」です。お店が軌道に乗るかどうかは、この集客の力にかかっています。

販促は、「新規客獲得」と「固定客化」の2つに分類されます。オープンしてしばらくは、「新規客獲得」用の販促を集中して行ないます。

新規客を獲得するための販促には、①チラシ、②ポスティング、③フリーペーパー、④イベント、⑤マスコミ掲載、⑥看板、⑦SNSなど、不特定多数の方に向けたものがあります。

固定客をつくるための販促とは、すでに買い物をされたことがあるお客様を中心とした、①DM、②メールマガジン、③ブログ、④ポイントカード、⑤クーポン券、⑥SNSなどです。

まずは新規客向けの販促を中心に行なう

経営が軌道に乗るまでは、販促費のほとんどを新規客向けの販促に使いましょう。開業する方の中には、オープンしたらお客様が殺到するイメージを持っている方もいらっしゃるようですが、それは非常に稀なケースです。お店の経営が軌道に乗るまでは、早くて半年～1年、あるいは3年以上かかるケースもあります。それまでは絶対的な客数が足りませんので、新規客を集める努力を続けます。

リピーターを増やすしくみをつくろう

繁盛しているお店はリピーターが多いものです。リピーターになっていただくには、リピートしてもらうためのしくみが必要です。新規客にポイントカードをおつくりしたり、次回来店のご案内を送れるように名簿化したり、割引クーポンをお渡ししたり、メルマガの登録をしてもらったりします。また、ブログでも新商品情報を発信して、来店客に見ていただきましょう。

お客様にくりかえしご来店いただくために、さまざまな方法を試しながら、あなたのお店に合った販促方法を見つけていってください。

最初は新規客集めに集中しよう！

目的	媒体	効果	コスト
新規客獲得	チラシ	◎	大
	ポスティング	△	小
	フリーペーパー	◎	中
	イベント	○	小
	マスコミ掲載	◎	無料
	看板	◎	大
	SNS	△	無料
固定客化	DM	◎	中
	メールマガジン	○	小
	ブログ	○	無料
	ポイントカード	○	小
	クーポン券	◎	小
	SNS	△	無料

お店の第一印象は販促で決まる！

lesson 02

オープン前から販促しよう

お店の前を通るお客様がお客様になりやすい

つい見落としがちなことですが、工事期間中も大事な告知期間です。特に開店直後の集客は、この時期で決まるのです。

一番のお客様候補というのは、お店の近くに住んでいる方や、自分のお店の前を何らかの用事で通る人です。流行に敏感な女性ほど「どんなお店ができるんだろう？」と気になるものです。ぜひ、そのような方にお店の「自己紹介」をしましょう。

工事中に自分のお店の「自己紹介」をするには、次のような方法があります。

●ポスター・貼り紙で事前告知

ポスター・貼り紙の下に、お店の商品など詳しい情報を盛り込んだ手配りチラシを設置します。チラシは、雑貨好きな知り合いにも手渡してもらうこともできるので、口コミが発生しやすくなるツールでもあります。

●近所へのあいさつ回り

内装外装の工事がはじまる前には、必ず近隣のお宅にはごあいさつに伺いましょう。大きな工事ではないと思っていても、工事がスタートするとトラックや職人さんが出入りしたりと、迷惑は少なからずかかるものです。事前に事情を話しておけば、無用なトラブルは避けることができます。また、ご近所さんはお客様になってくれる可能性が高いので、これを機会に人間関係をつくっておきましょう。

●工事や仕入れの途中経過をブログで発信

ブログは、オープン前から開設しましょう。オープンまでの奮闘記は読んでいる人もワクワクドキドキします。工事が完了した光景、商品を売り場で陳列している光景などを写真をふんだんに使ってドキュメンタリータッチで綴りましょう。

また、商売はいつも順調なときばかりではありません。うまくいかないときや苦しいとき、自分で当時のブログを読むたびに新鮮な気持ちを思い出し、初心に返ることができるでしょう。

オープン前から口コミが発生する集客方法

1　ポスター・貼り紙で告知する

◆どのようなお店か（どのような雑貨を取り扱うか？）
◆オープン日
◆メッセージ
◆ホームページやブログのURL・QRコード
◆イラストや写真などビジュアル訴求
などを盛り込んだポスターを貼りましょう。

2　お持ち帰り用のチラシ

ポスター・貼り紙の下にはお店の詳しい情報が掲載された
お持ち帰り用のチラシを設置しましょう。

3　途中経過をブログで発信

仕入や工事の光景や売り場づくりのようすなど
写真をふんだんに盛り込んで情報を発信しましょう。
お客様もお店の成長を自分の子どものように感じて、
「一緒に涙！」なんてことも。

lesson 03

雑貨屋さんのチラシのポイント

チラシ販促を行なう場合は準備か肝心

販促で効果がもっとも高いのは、チラシの新聞折込です。大型店では、枚数も1万枚単位で刷るなどかなりの費用をかけています。しかし、チラシは新聞折込だけではありません。小さなお店では、店前や店内で配布したり、ポスティングするなどさまざまな用途で活用していきましょう。

まず大切なのは、「かわいい！」と思える雰囲気です。チラシは自分で手書きやPCでつくるか、印刷会社などに作成してもらいます。

外注する場合は、どの印刷会社につくってもらうかでできばえがかなり左右されます。必ず参考になるチラシ・雑誌や資料などを持参して、「このままつくってください！」というレベルまで準備して、打ち合わせを進めてください。そうしないと、なかなか希望通りに仕上がらないでしょう。

チラシをレイアウトしよう

チラシを作成するときにまず必要なのが、レイアウトです。テーマ・タイトル・商品・店舗地図などの最低限の情報などを紙面に盛り込みます。商品は、時期とテーマに合わせて、季節商品・主力商品・目玉商品などを事前にリストアップしておきましょう。

レイアウトの基本は「Z型」です（左ページ参照）。人間の視覚心理から、このレイアウトがもっともよいといわれています。視点が止まる各ポイントに売りたい商品を配置しましょう。

商品の掲載ポイント

チラシに一番多いサイズは、B5～A4サイズです。掲載商品は30アイテムぐらいが妥当だと思います。多すぎても少なすぎても、集客や売上につながりにくくなってしまいます。

イメージ写真はなるべく減らして、商品そのものの掲載を優先しましょう。よくあるのが、イメージ先行で掲載商品が少ないパターンです。集客できるチラシとは、具体的にどんな商品がいくらで品揃えがあるのか、お客様に明確に伝わるチラシです。

チラシづくりの基本

オモテ

タイトルの基本

1.何屋かわかる

2.雑貨らしいイメージ

レイアウトの基本

1.レイアウトはZ型

2.ポイントに主力商品

ウラ

掲載商品数

1.多すぎず少なすぎず

2.30~50アイテム

お店の基本情報

1.営業情報

2.地図・外観写真

lesson

04

「らしさ」が伝わるホームページのつくり方

最初からホームページはなくてもスタートできる

ホームページは最初からあるのが理想ですが、絶対にないといけないというわけではありません。

ホームページは製作にそれなりに費用がかかります。更新も含めると月々の固定費もかかります。「通販もしたい」という方もいますが、ホームページだけでも更新に手間と費用がかかりますので、お店が落ち着いてから取りかかっても問題ありません。

それよりも、無料ですぐにはじめられるブログをホームページ代わりにスタートするほうが更新もラクですし、ハードルが低いと思います。

「らしさ」が伝わるホームページのつくり方

それでも最初からホームページを作成する場合は、「らしさ」を意識してください。チラシと同様、どの製作会社につくってもらうかでできばえが大きく左右されます。製作会社に丸投げしては、決してよいホームページは完成しません。こちらの作成したい内容やサンプルをきちんと提示しましょう。

ホームページをつくる前に注意すること

ホームページは可能であれば、外部のプロに依頼するほうがよいでしょう。しかし、ホームページはつくって終わりではありません。月々の更新はいくらで、どの範囲まで可能なのかも事前に確認するべきことです。追加ページの作成に追加料金が発生することがあとで判明するケースもありますので注意が必要です。

なお、「知り合いに頼む」パターンも避けたほうがよいでしょう。高いレベルを求めるには難しいケースが少なくありません。さらに、月々の更新をどこまでやってくれるかなど、知り合いに対して強く言うことができず、「つくってはみたものの更新されない……」ということになりがちです。

また、ホームページは作成しても、自店の名前が検索エンジンに引っかからなければ、意味がありません。最低限の検索エンジン対策（SEO対策）は行ないましょう。

「らしさ」の伝わるホームページ

1　自店が検索されやすい文字を埋め込む
（「雑貨」「雑貨屋」「雑貨店」「商品名」「ブランド名」「地名」）

2　サイトマップをつくる

3　リンク集をつくる
（取り扱いブランド・メーカーにリンクを貼らせてもらう）

4　ページ数を増やす
（少ないページ数ではヒットしにくい）

↓

ホームページをつくって終わりにしないよう心がけましょう。
SEO対策（検索エンジン最適化）も忘れずに！

lesson

05

雑貨屋さんにとって一番の販促ツールはブログ

どのブログを選ぶか？ も大事

雑貨屋さんの販促ツールとしておすすめなのは、何と言っても「ブログ」です。無料なうえ、更新し放題！ お客様をファンにしやすいのがブログなのです。最初は恥ずかしいと思う人もいるかもしれませんが、閲覧数が増えてくると楽しくなってきます。

ブログにもいろいろと種類があり、ほとんどが無料ではじめることができます。カスタマイズのしやすさから「アメーバブログ」が人気です。

地域によっては「地域ブログ」が強いということもあります。地元の方に見てもらえるので、集客につながりやすい媒体です。

オープン前の準備の様子からはじめよう

ぜひ、オープンまでの準備風景もブログにアップしてください。あなたの大変なオープン準備に感情移入して、オープンの日に来店されて一緒に号泣！ なんてことがあるかもしれません。

オープンしてからは、新商品やオススメ商品の情報を入れていきます。できればブログ記事にあなた自身の日常やスタッフの顔写真も入れると、さらに親近感が増します。商品紹介も商品だけではなく、自分で着たり、手に持ったりして、人気（ひとけ）を出しましょう。人気（ひとけ）があるブログが人気（にんき）が呼び、ファンが増えるブログになりやすいです。

一番の敵は自分の心？

ブログをやるうえで一番の敵は、面倒臭い！ という自分の心です。①週の更新回数を決めて、ブログ上で宣言する（これでサボれなくなる）、②曜日ごとにテーマをつくる（ネタがないとあわてないで済む）。この2つを守るだけで継続することができるはずです。

ブログのデメリットは、お客様がブックマークや更新通知に登録してくれていない限り、見に来てもらいにくいということです。ブログの効果を高めるためには、メルマガ登録（次項参照）に誘導するなど、ブログだけで終わらない工夫をしましょう。

最高の無料販促ツール「ブログ」更新のポイント

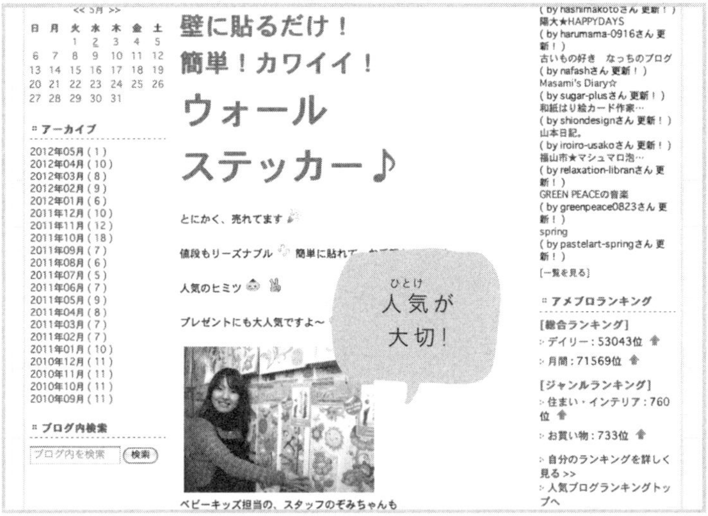

「ダレン・アーモンドのブログ」(http://ameblo.jp/darren333/)

1　週の更新日を決める！

ブログ内で「週3回、月・水・金更新中！」などと宣言してしまいましょう。

2　曜日ごとにテーマをつくる！

(例) 月曜日　新商品
　　 水曜日　売れている商品
　　 金曜日　売っていきたい商品

人気商品は何回掲載しても大丈夫です。

※代表的な無料ブログ：アメーバ、ライブドア、シーサーなど

3　お店のファンが増えるか？ を意識する！

「今日のお昼ご飯」など、あまりにお店に関係ない記事ばかりだと、意図が不明なブログになってしまうので注意が必要です。

lesson

06

お客様ともっと仲良しになれるローコスト販促

友達にメールするようにお客様にもしよう

雑貨屋さんでできるローコスト販促は他にもあります。ローコストな分、高い頻度で実施することができます。お客様と触れ合う回数が多ければ多いほど、お店のファンにすることができます。

ローコストといっても、やり方によってお客様にとても喜ばれる販促です。できるものからチャレンジしてみましょう。

●メルマガ

まず実践したいのはメルマガです。みなさんも複数のメルマガに登録されていると思います。ブログは読者が自分からアクセスしないと読むことができませんが、メルマガはお店からの情報発信がお客様のパソコンや携帯電話に直接届きます。メルマガのポイントとしては、

1. まずは週1回～2週に1回程度で発行する（頻繁すぎると解除されてしまうので注意）
2. 安売りだけの内容はやめる（新商品情報などを発信する）
3. ブログに誘導する（ホームページのURLを掲載し、ブログ記事を見てもらえるようにする）

の3つがあげられます。写真など、たくさんの情報が掲載できるブログとうまく連動しながら、メルマガを活用しましょう。

メルマガ会員は店頭にQRコードを設置することで獲得できます。QRコードは無料ですぐに作成できますし、携帯をかざすだけで登録できる機械を購入すれば、お客様も抵抗なく会員登録ができるようになります。

●twitterやfacebookの活用

これからは、twitterやfacebookなどのSNS（ソーシャルネットサービス）も強力な販促ツールとなっていくでしょう。しかし、SNSは補完的な販促であり、まだまだ主流はブログやメルマガであることには間違いありません。

これだけある!ローコスト販促

PUSH(プッシュ)型

メールマガジン

お客様の携帯やPCアドレスにダイレクトに届くメールマガジン。ブログや来店のお客様にどんどん登録してもらいましょう。

配信頻度:週1回~2週に1回

内容　:割引クーポン
新商品・オススメ品情報

他媒体と連動　:ブログへの誘導
twitter・facebookなどSNSへの誘導

PULL(プル)型

ブログ・SNS

商品写真などをタイムリーに掲載することが可能です。定期的にチェックしてもらえるようにメールマガジンと連動が大切。

代表的なブログ　:アメーバ・ライブドアなど

代表的なSNS　:twitter・facebookなど

Hint!

雑貨屋さんは販促費をあまりかけることができないので、
ローコスト販促を有効活用して、
自店のファンを増やしましょう。

lesson 07

お客様に楽しんでもらえるイベントを開こう

人気のお店のイベントとは？

お店で開催するイベントは大きな集客力があります。でも、それだけではありません。あなたのお店でしか体験できないイベントはお客様も感動し、お店のファンになってもらえるきっかけになるのです。

イベントのキーワードは、「地域密着」です。その地元でしかできないイベントが、お客様を巻き込んで大きな盛り上がりを見せます。

たとえば、巻頭ページでも紹介した「at home」では年2回、「手づくり作家さん大集合！」と題して100人の地元で活躍する作家さんの作品を集めて、展示即売会を開催しています。お客様がお客様を呼び、いまではマスコミも取材に来て、2週間で200万円以上を売り上げる大人気イベントにまで成長しました。

また、このお店では他にも「ワイワイお菓子の祭典」と題して、地元スウィーツの有名店15店ほどを集め、即売会を行なっています。こちらも完売商品が続出し、1週間で100万円以上を売り上げる人気イベントになりました。

この他、雑貨屋さんで開催されているイベントの例としては、絵本の読み聞かせイベント、お茶の試飲会、お菓子の試食会、リースのつくり方教室、アロマ体験教室、移動式パン屋さん、オーラソーマなど、さまざまなものがあります。自店の力だけではなく、外部の方に協力をしてもらうこともできますので、楽しい企画をいろいろと考えてみましょう。

イベントを開催するには集客力が必要

イベントを成功させるには、お店の集客力が必要です。店頭やWEB、DMなどの紙媒体による告知など十分な顧客名簿と、「あのお店がイベントをするなら行きたい！」と思っていただけるだけのファンづくりを日々地道にしていく必要があります。

イベント開催期間中はお店にいつもの何倍ものお客様が来店し、店内は熱気に包まれてとてもにぎやかです。ぜひ、楽しいイベントを開催しましょう！

参加型・地元密着型イベントで盛り上げよう!

手づくり作家さん大集合

地元のハンドメイド作家さん
100名が大集合!

ハンドメイド作品の展示即売会。作品は作家さんからの委託販売という形で展開します。いままで雑貨屋さんに来たことがない客層もたくさん来店するので、新規客増につながります。

ワイワイお菓子の祭典

地元の有名スウィーツ
15店大集合!

地元のスウィーツ店から商品を仕入れて展開。スウィーツということで、年齢やテイストを問わず、幅広い新規の客層が来店する人気のイベント。

lesson 08

「口コミ」が起きるお店の特徴

口コミが自然に起こるお店をつくろう

いまは人気の雑貨屋さんでも、開店後の数年間は「まったく売れず厳しかった」というお店も数多く聞きます。そのようなお店がブレイクしたポイントは「口コミ」というケースが少なくありません。「口コミ」は地道な宣伝方法ではありますが、情報として信頼できる、最高のものなのです。

「お店をどこで知りましたか?」というアンケートをすると、上位に必ず入るのが、「友人に教えてもらった」「もらったギフトがこのお店だった」という回答です。来店の50%以上が口コミだったというお店もありました。それほどまでに影響が大きな口コミ。それでは、口コミしたくなるお店とはどんなお店でしょうか?

口コミを起こすのに一番効果があるのが、ギフトです。ギフトとは、「贈り主」「贈られた人」、1回で2人のお客様を虜(とりこ)にできる一石二鳥の商品です。贈られた人は、センスがよい商品であれば、必ずどこで買ったのかをチェックしますので、自然と口コミが発生するようになります。

また、ラッピングも口コミにつながる要因のひとつです。凝ったラッピング資材を使う、ショップカードを必ずつけるなど、なるべくこだわりましょう。

ここでのポイントは、他にないようなラッピングでお客様をビックリさせるという点と、贈られた人がわざわざ贈り主に聞かなくてもお店のことがわかるように、ショップカードをつけることです。ギフトがよければ、贈られた人も自然と来店していただけるようになります。

お客様の期待を少しでも超えよう

もちろんギフト以外でも、「何かで一番になり、お客様を驚かせる」「新情報を発信し続ける」など、お客様のお店への期待値を超え続けることで、口コミは発生しやすくなります。

お店の構想を練る際は、どのように口コミを起こしたいかを考えてみてください。

「ギフト」で口コミを起こそう

Point

口コミが起こるポイント

1 ラッピング自体に凝る

→ 大きなリボンを使うなどインパクト重視!

2 ラッピング資材を他にないものを使う

→ 輸入リボンなど資材にも凝る!

3 ショップカードを必ずつける

→ ギフトをもらった人がお店がわかるようにしておく。
宣伝臭くならないようにオシャレなものを!

Part

9

これだけ知っておけば
大丈夫！
数字の基礎知識

lesson 01

売上と利益の基礎知識

売上に関する基礎知識

お店を経営が成功するかどうかということは、①売上を上げる、②経費を抑えるという2つのことを、どれだけ徹底できるかがポイントです。

◆売上の公式＝客数×客単価

客数とは、実際に買っていただいたお客様の人数です。客数は、次のように細かく計算できます。

◆客数＝店前通行客数×入店率×買い上げ率

◆客数＝新規客＋（固定客×来店頻度）

販促も、対象を絞って対策を打つと効果的になります。客単価も次のように分解できます。

◆客単価＝1点単価×買い上げ点数

雑貨屋さんの客単価は、1000〜2000円程度、買い上げ点数は2点程度が一般的です。客単価を上げるには、①接客の強化、②まとめ買いを促す売り場の提案、③POPによるおすすめ強化、④ギフトの強化などがあります。

利益に関する基礎知識

利益といっても何種類かありますが、まずは、①粗利益と②営業利益の2つを見ていきます。

①粗利益は、次のように計算できます。

◆粗利益＝売上－商品原価

たとえば、商品原価が6000円の商品を1万円で販売すると、粗利益が4000円です。雑貨屋さんは、一般的には売上の40％前後になります。経費（固定費＋変動費）は、この粗利益から支払います。つまり、経費を粗利益内に収めれば、赤字になることはありません。

②営業利益は、次の計算で出すことができます。

◆営業利益＝粗利益－経費

営業利益とは、お店から生まれた利益のことです。たとえば、売上1万円、粗利益4000円、経費3000円の場合、営業利益は1000円、営業利益率は10％ということになります。一般的には5〜10％程度を確保できるとよいでしょう。

これだけは知っておきたい売上と利益の基本

利益 ＝ 粗利益 − 経費

雑貨屋さんはメーカーから商品を仕入れて、お客様に販売しています。この費用は商品を仕入れて販売する以上、絶対にかかるものです。

商品を売った儲け（粗利益）の中からいろいろな費用を払います。家賃、電気代、販促費、自分の生活費、仕入資金……売上がいくらあっても粗利益がないとお店は続けられません。

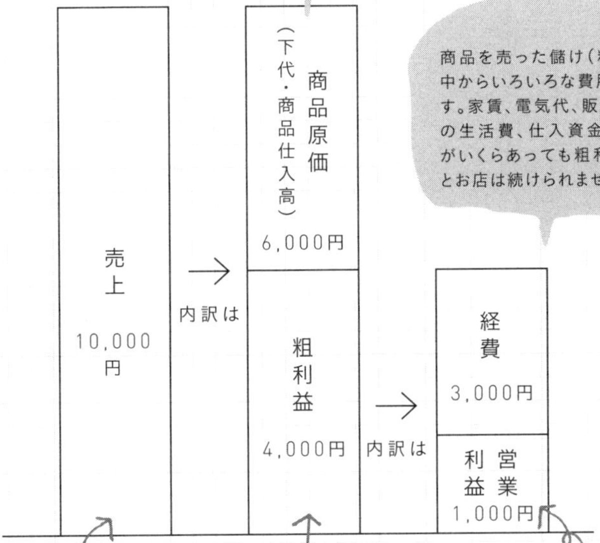

お店で1万円の雑貨が売れたとしましょう。でも、メーカーさんへの支払いもあるし、売上金額の内訳ってどうなっているのでしょうか？

1万円の雑貨を売ったとしても、商品仕入高が6,000円ならお店に残る粗利益は4,000円なのです。でも、これがすべて店の利益ではありません。

粗利益から給料や家賃といった営業費用を差し引いたわずかな利益がお店の利益（営業利益）となります。1割残れば、優秀といわれています。

lesson 02

お店にとって絶対に必要な売上を知ろう

赤字にならないためには、売上はいくら必要？

お店が赤字にならないギリギリの売上のことを「損益分岐点売上高」といいます。この売上高を知らないと、売上目標を立てることができません。

もちろん、売上目標は損益分岐点売上高を超えるものでなければいけません。手順としては、①経費計画を立て、②売上目標を掲げるという流れで行ないます。

経費を把握しよう

経費の中でも、まず「固定費」を把握する必要があります。固定費とは、家賃、オーナー自身の生活費、借入金の返済、設備や備品のリース料、従業員のお給料など毎月必ず発生する経費のことです。

次に「変動費」と呼ばれる、売上の規模によって増減する費用を見積もりましょう。水道光熱費や事務用品、電話代、ラッピング資材代など、お店の営業に必要な細かな費用になります。オープン前に正確に把握することは難しいので、想定だけしておいて、オープンしてから修正していきましょう。

粗利益率40％で計算する

「お店の利益＝粗利益－経費」ですので、経費が粗利益を超えなければ赤字にはなりません。経費が40万円の場合、粗利益率が40％なら、必要な売上高が100万円ということになります。

この場合は、100万円が利益が出るか出ないかのギリギリの売上（損益分岐点売上高）ということになります。もちろん、損益分岐点売上高では利益がまったく出ませんので、利益を確保するには、この売上の120〜130％の売上高は必要です。

売上目標は細かく立てよう

売上目標はまず月間で考え、次に週・日という形で細かく考えていきます。そうすると、客単価を2000円だと仮定すると、何人の入店客数が必要で、何人の買い上げ客が必要なのか？　ということがわかります。数字は細かく分解して考えることがポイントです。

損益分岐点売上高

利益も損失も発生しない売上高のこと。
売上がこれより大きければ、利益が発生し、
少なければ赤字となる

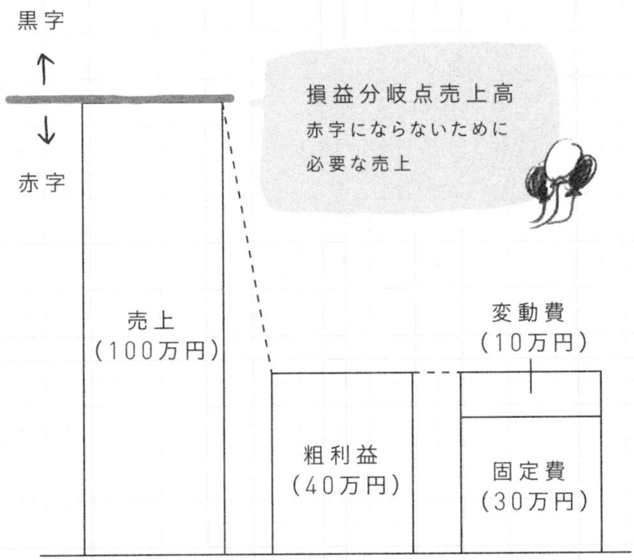

変動費……売上の規模によって増減する費用
（水道光熱費、事務用品、電話代、ラッピング用品など）
固定費……売上の規模にかかわらず、毎月必ず発生する費用
家賃・オーナーの生活費・スタッフの給料
借入金の返済、設備・備品のリース料など

lesson

03

売上予測をしてみよう

売上を予測する方法とは

オープン前の売上予測は難しいのですが、想定される経費をまかなうだけの売上が可能かを予測する必要があります。

売上予測の仕方は、①坪効率、②在庫高、③駐車場、④通行客数、⑤モデル店の5種類があります。

1 坪効率から予測する

◆坪効率 × 売り場面積 ＝ 売上見込み

坪効率とは1坪（3.3㎡）当たりの売上高です。通常は月当たりや年当たりで考えます。もちろん面積や立地で大きく変わりますが、月当たりの坪効率は8～15万円程度が一般的です。

2 在庫高から予測する

◆在庫高 × 在庫回転率 ＝ 売上見込み

在庫回転率とは、在庫効率を現す指標です。雑貨屋さんの一般的な回転率は3～4回転程度ですので、店頭にある在庫金額からおおよその売上高が予測できます。おおよそのお店全体の在庫高を3～4倍すると、その店の売上高がわかります。

3 駐車場台数から予測する

◆400万円 × 駐車場台数 ＝ 売上見込み

駐車場があるようなロードサイド店舗では、駐車場の台数から売上を予測することができます。駐車場1台で年間400万円ほどが目安です。

4 通行客数から予測する

◆通行客数 × 入店数 × 買い上げ数

単純な店前通行客数を数えるだけではなく、自店のターゲットとする方が何人いるか？　何人の方がお店に入るか？　何人の方が買っているか？　というところからも売上を予測することができます。

5 モデル店から予測する

出店候補地の近くにモデル店があれば、そのお店の売上を知ることで、概算の売上予測をすることができます。ない場合は、似たような立地の、似たようなお店の売上を調べることでイメージをつかみましょう。

自分でできる売上予測

坪効率　（普通店）8〜10万円／月
（繁盛店）12〜15万円／月　×　坪数

在庫高　坪当たりの在庫高　×　（普通店）3回転／年
（繁盛店）4回転／年

駐車場　（普通店）400万円／年
（繁盛店）600万円／年　×　台数

通行客数　店前通行人数　×　入店率　×　買い上げ率

モデル店　想定客単価　×　買い上げ客数

Hint!

立地や業態によっても異なりますので、
実際は複数の方法を使って予測するとよいでしょう。

lesson 04

経費をコントロールできるようになろう

経費を上手に抑えることがお店を続けていく秘訣

お店を継続するためには、経費のコントロールが重要です。つぶれてしまうお店は、売れないからつぶれるのではありません。経費が粗利益を超えて発生し、赤字が続いたときに立ち行かなくなるのです。

逆に言うと、売上が小さくても経費を抑えることができれば、お店を続けることはできるのです。

オープンするまでは、何にいくら経費が発生するかわからないと思いますが、次の2つの経費だけ基準内に抑えれば大丈夫です。実は、この2つだけで経費の半分を占めているからです！

①人件費が一番大きな経費

最初に悩むことのひとつに「ひとりでやるの？スタッフを雇うの？」という問題があります。答えは「可能な限りひとりでやってみる」です。

人件費は、最低でも売上の15％以内に収めないと利益が出ません。給料が15万円の人をひとり雇うとなると、売上が月間１００万円必要という計算になります。これは、かなりハードルが高い数字です。

最初はできることはすべてひとりでやり、どうしてもお店が回らないときだけ、家族や友人などに手伝ってもらうようにしましょう。また、結婚している方は、だんなさんにお店を直接手伝ってもらわなくても、家事をやってもらうなど間接的に協力をしてもらう形になるので、事前に十分話し合いをしておきましょう。

②家賃は想定売上の10％までにする

家賃は、想定売上の10％を目安になるように家賃交渉をしましょう。家賃の比率が10％を超えると負担が大きくなり、オープンしてもお店を継続することが難しくなります。逆にいうと、家賃が想定売上と比較して、10％を超えるようであれば、無理して出店はしないほうがよいでしょう。

数字が厳しくなってからでは、経費削減はすぐにはできません。売上想定も控えめに見積もり、まずは小さくはじめることが大切なのです。

主要な経費に特に注意しよう

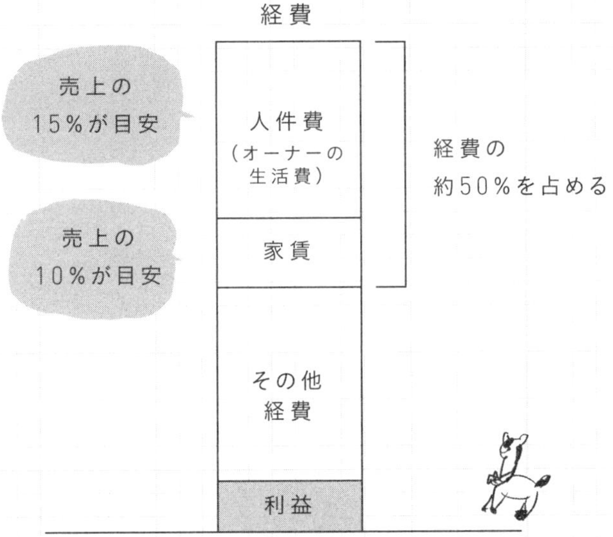

Hint!

人件費は一番大きな経費になります。
売上がまだ小さいときはできる限り
自分ひとりでやってみるのがよいでしょう。

lesson

05

お店の家計簿をつけよう

お店の家計簿＝損益計算書の見方・使い方

みなさんは「損益計算書」という名前を聞いたことがあるでしょうか？　これは、お店の「家計簿」のようなものです。お店の利益が出ているのかどうか、どこにいくらの経費がかかっているのかが一目でわかります。

自分で作成できなくても、その見方・使い方は知っておかなければいけません。

損益計算書は、下から順番に見ていきます。①利益が出ているか?、②経費がいくらかかったか?、内訳はどうなっているか?、③粗利益は十分に確保できているか?、④売上はいくらだったか？　を重点的に見ます。この表では、主に①と②を見ることになります。

損益計算書を下から見ていくことで、お店の「健康状態」を把握することができます。もし、不健康（赤字）の場合は、売上アップの対策や経費の見直しなどをしていきましょう。

損益計算書の活用方法

損益計算書は決算のときだけ見るものではありません。毎月、「月次試算表」を作成し、月々の損益状況を把握しましょう。

売上にも予算があるように、経費にも予算を立てることをおすすめします。オープンしてからしばらくすると、月々の売上高もだいたい見えてくると思います。その中で毎月使う経費の予算を立てておくと、非常に便利です。もちろん売上が予想通りいかない場合もありますし、逆に予想以上売れる月もあります。その売上高に応じて経費をコントロールすることで、お店の赤字を防ぐことができます。

また、雑貨屋さんは1年の中でも月々の売上の波が激しくあります。売上が低くなる半分ほどの月（主に2月・6月・8月・9月・10月）は利益が出にくいと言われており、年間でどのように利益を確保していくのか対策しておくことも必要になってくるでしょう。

損益計算書の見方を覚えよう

勘定科目	9月	構成比	10月	構成比	11月	構成比
売上高	8,000,000	100.0%	7,800,000	100.0%	8,500,000	100.0%
純売上高	8,000,000	100.0%	7,800,000	100.0%	8,500,000	100.0%
期首商品棚卸高	14,000,000		14,000,000		13,200,000	
商品仕入	4,500,000		4,700,000		5,700,000	
期末商品棚卸高	14,000,000		13,200,000		13,800,000	
売上原価	4,500,000	56.3%	5,500,000	70.5%	5,100,000	60.0%
売上総利益	3,500,000	43.8%	2,300,000	29.5%	3,400,000	40.0%
販売員給与	1,000,000	12.5%	1,000,000	12.8%	1,000,000	11.8%
販売員旅費	50,000	0.6%	10,000	0.1%	0	0.0%
広告宣伝費	150,000	1.9%	150,000	1.9%	250,000	2.9%
容器包装費	150,000	1.9%	100,000	1.3%	100,000	1.2%
発送配達費	25,000	0.3%	25,000	0.3%	25,000	0.3%
支払手数料	8,000	0.1%	10,000	0.1%	8,000	0.1%
役員報酬	250,000	3.1%	250,000	3.2%	250,000	2.9%
法定福利費	300,000	3.8%	150,000	1.9%	140,000	1.6%
厚生費	45,000	0.6%	85,000	1.1%	85,000	1.0%
退職金		0.0%		0.0%	0	0.0%
減価償却費	0	0.0%	0	0.0%	0	0.0%
地代家賃	150,000	1.9%	150,000	1.9%	150,000	1.8%
修繕費	0	0.0%	0	0.0%	0	0.0%
事務用消耗品費	15,000	0.2%	15,000	0.2%	15,000	0.2%
通信交通費	40,000	0.5%	40,000	0.5%	50,000	0.6%
水道光熱費	300,000	3.8%	120,000	1.5%	100,000	1.2%
租税公課	5,000	0.1%	53,000	0.7%	5,000	0.1%
雑費	150,000	1.9%	80,000	1.0%	150,000	1.8%
販売費及び一般管理費	2,920,000	36.5%	2,440,000	31.3%	2,570,000	30.2%
営業利益	580,000	7.3%	-140,000	-1.8%	830,000	9.8%
営業外収益　受取利息割引料		0.0%		0.0%		0.0%
営業外収益　受取配当金		0.0%		0.0%		0.0%
営業外収益　雑収入		0.0%		0.0%		0.0%
営業外収益　小計	0	0.0%	0	0.0%	0	0.0%
営業外費用　支払利息割引料	36,000	0.5%	34,000	0.4%	37,000	0.4%
営業外費用　繰延資産償却		0.0%		0.0%		0.0%
営業外費用　雑損失		0.0%		0.0%		0.0%
営業外費用　小計	36,000	0.5%	34,000	0.4%	37,000	0.4%
経常利益	544,000	6.8%	-174,000	-2.2%	793,000	9.3%

純売上高
毎月の売上

売上原価
（期首商品棚卸高）
＋（商品仕入高）
－（期末商品棚卸高）

売上総利益
（売上高）
－（売上原価）
＝（売上総利益）
いわゆる「粗利益」のことで、商売をやっていくうえでの大元の利益。
雑貨店では平均40％ほど

販売費及び一般管理費
お店の営業にかかった費用

営業利益
（売上総利益）
－（販売費及び一般管理費）
＝（営業利益）
本業のお店での商売の利益

経常利益
（営業利益）
＋（営業外収益）
－（営業外費用）
＝（経常利益）
会社の実力を示す利益

雑貨屋さんは年間の売上の波が激しい

黒字になりやすい月・・・1月・3月・4月・5月・7月・11月・12月

赤字になりやすい月・・・2月・6月・8月・9月・10月

lesson

06

「売れているけどお金がない！」はなぜ起こる？

一番大切なのは資金繰り

前項では、ちょっと難しい損益計算書のお話をしましたが、実はもっと大切なことがあります。それは「資金繰り」です。オーナーになると、毎月多くの出費が続きます。特にオープン直後は、工事代金や商品の仕入代金の支払いがあります。オープンしてからも仕入代金や光熱費の支払い、借入金の返済出など、お店の経営が軌道に乗るまでは、目に見えて預金通帳のお金が減っていきます。そのため、「最初は不安でたまらなかった」というオーナーの方もたくさんいらっしゃいます。

資金繰りとは、「家計のやりくり」と同じです。お店の売上の回収をしながら、さまざまな支出がスムーズにいくように支払い業務を回していくことです。

会社勤めの方にはほとんど関係がなかったかもしれませんが、経営者であるオーナーになると、この資金繰りが一番の関心事項となるでしょう。

新規オープン直後に売上が順調に上がるケースは少ないので、必ず「運転資金」と呼ばれる商品仕入れやオーナー自身の生活費などを含めた開業資金を、別途確保しておきましょう。できれば売上が0でも6カ月分（最低でも3カ月分）はやっていけるだけのお金があると安心でしょう。

カンタンな「資金繰り表」をつくってみよう

損益計算書の他につくってほしいのが、「資金繰り表」です。損益計算書は、帳簿上の「利益」はわかるのですが、「現金の出し入れ」とは異なるものです。

ここを勘違いしているお店も少なくなく、帳簿上では利益が出ていても、商品代金の支払い請求が後からきて、「お金が足りない！」というケースも多々あります。

そうならないためにも、予測される売上金額を収入として、商品仕入代金や経費の支払い予定、借入金の返済予定、納税予定などの支出を資金繰り表に記入し、お金が不足しないかどうかを確認します。

一番大切な数字の知識「資金繰り」

売上は毎月100～240万円と大きな金額に思えますが、③のような商品の仕入代金の支払いや人件費など経費の支払いなどもあります。

勘定科目	1月	2月	3月	4月	5月	6月
①月初口座残高(前月末口座残高)	500	500	460	460	460	500
②売上金回収額	150	100	200	220	240	150
③原価支払い(仕入の支払)	-50	-40	-100	-120	-100	-100
④人件費支払い(給与など支払)	-30	-30	-30	-30	-30	-30
⑤家賃支払い(家賃などの支払)	-20	-20	-20	-20	-20	-20
⑥経費支払い(その他経費支払)	-40	-40	-40	-40	-40	-40
(A)営業収支(②+③+④+⑤+⑥)	10	-30	10	10	50	-40
⑦資金調達(返済と借入調達)	-10	-10	-10	-10	-10	-10
(B)財務収支	-10	-10	-10	-10	-10	-10
(C)収支合計(A)+(B)	0	-40	0	0	40	-50
(D)月末口座残高	500	460	460	460	500	450

営業収支は月によって黒字・赤字が発生しています。

借入金の返済がある場合はさらに「資金」が流出することになります。

経営にとって大切なことは(D)月末口座残高が0にならないことです。

Hint!

- 損益計算書ではお金の流れ(キャッシュフロー)わかりません。
- 「資金繰り表」でお金の流れをつかみましょう。
- 小さなお店はキャッシュフローを重視しましょう。

Part

10

オープン後が本当のスタート

lesson

01

開店日がすべてのはじまり

本日開店の初心を貫こう

オープンを迎えると、「やっとお店がオープンした！」と感動するはずです。オープンまでの長い苦労が脳裏によみがえってくるかもしれません。

しかし、忘れてはいけないのは「オープンがすべてのスタート」ということです。極論を言うと、お店をつくるだけであれば、熱意と資金さえあれば誰でもつくることができます。でも、ただつくっただけではお店を継続していくことはできません。

お店は、お客様を信頼していなければ、続けることは難しいと思います。というのも、来るかどうかもわからないお客様のために、商品を仕入れ、毎日決まった時間にお店を開けるのです。

お店に来ていただけるお客様が多い日も少ない日も、そのお客様に心から感謝して「一期一会」の気持ちを忘れず接客をしましょう。

開店時は苦労したものの、いまでは繁盛店になったあるお店のオーナーはこう語ってくれました。

「オープン当初はお客様がぜんぜん来なくて、今日でお店を閉めようと思いながら、毎朝お店のドアを開けていました。でも、ひとりでもお客様が来ていただいている限り、目の前のお客様に全力を尽くそうとした結果、いまのようなお店になったのです」

また、別の繁盛店のオーナーも、オープン当初は毎日数百件のポスティングを、お店が終わった深夜に行なっていたそうです。

昨日よりも今日、成長できていればそれでいい

新しくお店を開業して、最初から順調に売上がつくれるケースはそれほど多くはないと思います。大切なことは、オープンのときの「情熱」を持ち続けることです。

お客様が何日も来ないと不安で目の前が真っ暗になることもあるかもしれません。そんなときは「今日は自分自身が成長したか？」「お店のファンがひとりでも増えたか？」と考えましょう。必ず壁を打ち破れる日は来ます。

初心は忘れてはいけないが、
初心のままではいけない

今日の「一瞬」のお客様を
「一生」のお客様にするつもりで！

Hint!

- 今日は昨日よりも成長しましたか？
- 今日はひとりでもお店のファンは増えましたか？
- 今日も全力を尽くしましたか？

lesson 02

商品を売りきる力をつけよう

売れ残りが発生したら?

お店をやっていて一番困るのが、「売れない商品の在庫」です。商品選定のミスや仕入量のミスで、不良在庫はどうしても発生してしまいます。特に、最初に仕入れた商品は仕入精度がまだ低いので、売れ残る確率は高いといえます。しかし、その最初の商品が売れなければ、次に商品を仕入れるための資金がつくれませんので、非常に困ってしまいます。

そこで大切になるのが、「売りきる力」です。商品がたくさん売れても、売れ残りがたくさん発生しては利益が残りません。夕方のスーパーは生鮮品を値下げしています。廃棄するよりも、まだ売れる段階で少しずつ値下げ率をアップさせながら、当日に売りきろうとしているのです。

雑貨も同じです。雑貨は腐ることはありませんが、生鮮品と思って扱う必要があるのです。

商品を入荷して売り場に出せば、しばらくするとお客様も飽きてきます。また、商品やパッケージが汚れたりすると、どうしても売れにくくなります。ですから、鮮度がある時期に、いかに売りきるかが重要になってくるのです。

いつまでに売りきるかをはっきりさせて、おすすめトークを考えたり、詳しい説明のPOPをつけたりして売りきりましょう。

商品をとにかくお金に換えよう

陳列や売り方を変えることで突然売れるようになることも数多くあります。たとえば、

1. 陳列を変える(アイテム別や色別で編集する)
2. 場所を変える(よい場所に移動する)
3. 売り方を変える(ギフトセットにする・POPをつける・接客して売る・セールにする)

など、オーナー自身があきらめずに、売りきるためにチャレンジし続けましょう。

売れ残ると、保管場所や梱包作業にもコストがかかります。雑貨も生鮮品と同様に値下げしてでも売りきり、新商品の仕入資金をつくることが大切です。

商品を売りきるためのアイデア

売れる場所に移動する

場所を移動しただけで売れるようになることはよくあります。

組み合わせを変える

別の商品と組み合わせてみると、別の商品のように見えます。

POPをつける

価値や使い方がよくわからないということもよくあります。

接客トークを考える

お客様が思わず欲しくなるようなトークを考えてみましょう。

Hint!

売れる商品・売りやすい商品は何もしないでも売れます。
売れない商品の販売がプロの腕の見せどころ!
お客様に満足をしてもらいながら、
商品を売りきるスキルを身につけましょう。

lesson 03

接客経験がなくても大丈夫！

接客と販売は違う

実は、「接客」と「販売」は違います。それでは、この2つはどのように違うのでしょうか？

1 接客とは、お客様と仲良くなること
2 販売とは、お客様に買ってもらうこと

このような違いがあります。この2つは似ているようですが、まったく異なります。固定客をつくるためには接客が必要で、売上を上げるためには販売が必要になり、どちらかひとつでは不十分なのです。

接客だけではなかなか売上が上がらないですし、お客様との人間関係なしでおすすめする販売だけでは売りつけられるという印象を持たれてしまいます。

販売がニガテなのですが、大丈夫ですか？

雑貨屋さんのオーナーには、販売が苦手と感じる人が多いようです。それはオーナー自身が自分自身のスタイルを大切にしており、お客様に対しても「もし気に入っていただければ、買っていってくださいね」という相手の価値観を尊重したマインドを持っている方が多いからかもしれません。

しかし、人気店のオーナーほど、接客も販売も上手なものです。人見知りする方も、まずは接客を意識してチャレンジしてみましょう。

接客のポイントは、人間関係づくりです。お客様の顔と名前が一致する顧客が何人いるか、そして趣味や家族構成まで知っている「お友達客」が何人いるかが、あなたの接客の成果になります。そして、人間関係ができたお客様に販売をします。人間関係が築かれた方に販売しても、お客様からは物を売られたなどとは思われませんし、あなたもおすすめしやすいでしょう。

販売のコツは「共感」です。お客様がよいと思った商品に共感する、オーナーのあなた自身がよいと思っている商品をお客様に共感してもらう。このように、一緒に価値を認め合えるのが幸せであり、喜びであるのです。この共感してくれるお客様を増やすことが、販売の醍醐味です。

「接客」と「販売」とは違う

接客　＝お客様と仲良くなること

販売　＝お客様に買ってもらうこと

両方必要！

共感の接客で「人間関係づくり」をしよう

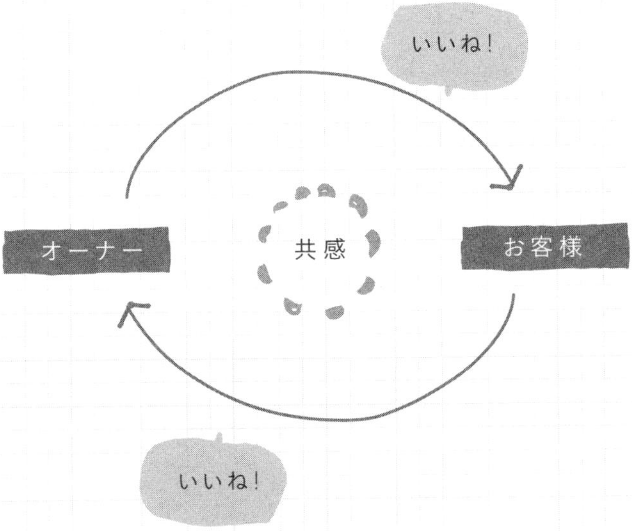

lesson

04

お客様がリピートしたくなる接客術

お客様をお名前で呼ぼう

接客・販売の目的は「また来店してもらうこと」です。特に小さなお店であるほど、どれだけお客様がリピーターになってくれるかが、お店の売上に直結します。ここではお客様にリピートしてもらうためのポイントをお伝えします。

人間が感じるもっとも心地よい言葉は、「自分の名前」なんだそうです。まず、リピーターになってもらうには、とにかく顔と名前を一致させることが必要です。雑貨屋さんに限らず、一致するお客様が100人いると商売は安定するといわれています。

それでは、お客様の名前を知るにはどうしたらよいでしょうか?

その方法として、①ポイントカードを最初につくるときに記名をしてもらう、②イベントの際にDMを送り、それを粗品の引換券として持参してもらう、③クレジットカードの署名から名前を覚えるなどの方法があります。

名前を覚えた後は、「こんにちは、○○さん!」「いつもありがとうございます、○○さん!」など、折に触れお名前でお呼びしましょう。お客様の態度に直接表れなくても、内心ではとても喜んでいるはずです。名前で呼ぶことは効果抜群なのです。

リピーター前のお客様への印象力アップ法

まだお名前がわからないお客様にも、満足してもらうカンタンな方法があります。お店の最後の印象はレジで決まります。つまり、お話しする時間があまりなかったお客様でも、レジ対応がよければ満足度がアップするのです。

その方法はカンタンです。お客様が買った商品を褒める。たったそれだけです。

「本当にかわいいですよね」とか、「私も愛用しています。いい使い心地ですよ!」など、お客様が「ここで買い物をしてよかった」と思えるような一言をかけましょう。それだけでお客様のお店に対する印象がグッとアップすること間違いなしです。

「お名前」と「顔」が一致するお客様＝
固定客を100人つくろう!

Hint!

- ポイントカードの記名
- イベントDMの持参時
- クレジットカードの署名時

接客時にお名前を呼べるチャンスは5回

1 入店時
「いらっしゃいませ! **山田様**」

2 接客時
「**山田様**の大好きなブランドの新商品が入荷しました」

3 購買決定時
「いつもありがとうございます! **山田様**」

4 入金後
「本当にありがとうございます! **山田様**」

5 お見送り
「またぜひお越しください! **山田様**」

↓

人が一番大好きな言葉は「自分の名前」!

lesson 05

自分ひとりで忙しいときはどうする？

まずは自分ひとりでやってみる

9章4項でも説明したように、お店を経営するうえで、一番のコストは人件費です。オープン間もない期間にアルバイトでも従業員をひとり雇うためには、大きな決断が必要です。もちろんお店の面積が大きく、自分ひとりでは無理だという場合を除いて、なるべく自分ひとりで運営できるようにしましょう。

家族や配偶者の協力も大切

開業の準備がはじまり、実際にお店もオープンすると、あなたの生活はお店一色になります。そんなとき一番頼りになるのが、家族です。時には家事を手伝ってもらったりすることもあると思います。開業する前に両親・兄弟や配偶者に事前に協力をしてもらえる関係をつくるのが望ましいでしょう。

雑貨屋さんは夫婦で運営しているケースも多いです。お互いの得意不得意を知ったうえでのパートナーなので、とてもよい関係が築けます。終始一緒にいるようになりますのでケンカも増えるかもしれませんが、それを差し引いても人件費ゼロの最良のパートナーだといえます。

ただし、お店が必ず成功するという保証はないので、最初から配偶者も脱サラして……というよりは、ひとりで開業して、お店が軌道に乗ってから2人で経営するという形でもよいでしょう。

人を採用するときは上下関係をはっきりと

それでも人を採用するときは、上下関係をハッキリさせることが大事です。兄弟姉妹やどんなに仲がよい友人でも、お店ではオーナーと従業員の関係です。馴れ合いになってしまっては、指示も徹底されません。

新米オーナーなので最初は頼りなくても、責任をすべて背負っている分、オーナーの成長スピードはとても早く、従業員との力の差はどんどん開いていきます。だからこそ、最初の上下関係ははっきりさせておく必要があるのです。

最初は自分ひとりでやってみる

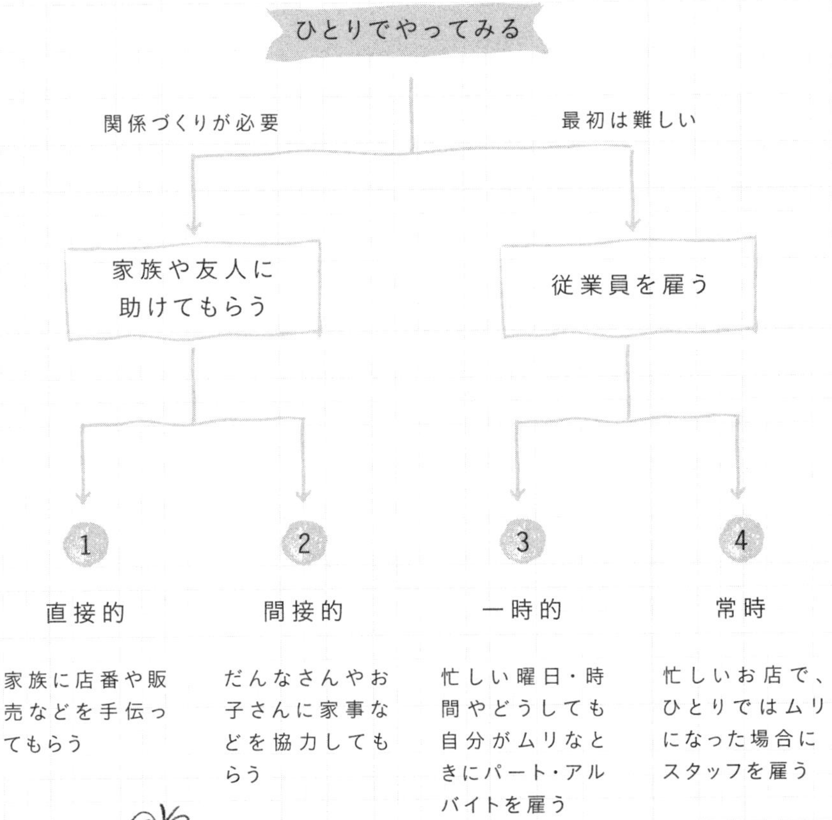
ひとりでやってみる
関係づくりが必要
最初は難しい
家族や友人に助けてもらう
従業員を雇う
1
直接的
家族に店番や販売などを手伝ってもらう
2
間接的
だんなさんやお子さんに家事などを協力してもらう
3
一時的
忙しい曜日・時間やどうしても自分がムリなときにパート・アルバイトを雇う
4
常時
忙しいお店で、ひとりではムリになった場合にスタッフを雇う

lesson

06

従業員を雇うタイミング

いつ従業員を雇えばよいか？

既に説明した通り、小さなお店の運営は最初はオーナーひとりで十分です。しかし、お店が繁盛したり、妊娠や出産・子育てなどでどうしてもひとりでは運営できない状況が出てくるはずです。

最初は、配偶者や家族などに協力してもらうのが妥当でしょう。従業員を雇うということは、交通費・社会保険料など、お給料以外の経費もたくさん発生します。たとえそれがパートさんであろうとも、年間にするとかなりの出費になることは間違いありません。従業員を雇っても、利益が残るくらいの売上が上がるようになってから考えましょう。

従業員は相性で選ぼう

商品の仕入れと同様に、「人の仕入れ」も非常に大切です。従業員募集は店頭で告知する形がよいでしょう。告知の貼り紙には、①自店の目指す雑貨屋さん像、②自店で必要としている人材像をしっかりと明記することで、希望に近い人材が集まってきます。

できれば、経験者を優先して採用しましょう。ラッピングや細かいことを一から教えなくても済み、早く戦力になってくれます。ただし、実際に働いてみないとわからない部分もありますので、必ず試用期間を設けましょう。

採用の基準は、最終的には「好きか嫌いか」でいいと思います。それでいいの？ と思うかもしれませんが、長時間、同じ空間の中でずっと一緒にいるので、「好き」と思う人ではないと難しいでしょう。

自分とスタッフの得手不得手を知ろう

雑貨屋さんで働きたいという人は、対人関係が得意で売るのが得意な「販売型」と、商品が好きで陳列やディスプレイが得意な「売り場型」、大きく2通りに分かれます。一般的には、どちらかが得意だともう片方が苦手なことが多いようです。

よいチームというのは、バランスがとれているチームです。自分のタイプを見極めて、自分に足りない点を補うタイプの人を雇うとよいでしょう。

人の「仕入れ」も大切!

自分一人ではできないことも
「チーム」だとできる!

リーダー型	先を読み人使いがバツグンにうまい
販売型	率先してバリバリ売る
売り場型	売り場づくりやディスプレイが得意
潤滑油型	特に特徴はないが、いると和む
職人型	補充発注や陳列直しなど細かいことが大好き
会計士型	とにかく数字に強い

チームはかけ算!
最高のチームをつくろう!

lesson

07

スタッフは家族のように育てよう

お客様にチームワークのよさが伝わるお店づくり

お店が忙しくなってくると、とても助かるのが、スタッフの存在です。しかし、「どうやって教育していいかわからない……」「思うように動いてくれない……」など、オーナーから一番多く相談されるのも、スタッフのことなのです。

おもしろいことに、人気の雑貨屋さんほどお店の人間関係がよく、お店に入るだけであたたかい気持ちがするものです。それは、お店に入った瞬間に感じられるほどですので、売れるお店をつくるためにも本当に大切な要素です。

小さな雑貨屋さんでは、従業員は「家族」です。時には一緒に笑い、時には一緒に泣くこともあるでしょう。誰かと一緒に共感できる、目標を共有できるということはとてもすばらしいことです。みなさんが家族にしているようなことをスタッフにもしてあげましょう。

スタッフに感謝していますか？　そのスタッフのことをどれだけ知っていますか？　お誕生日は？　家族構成は？　好きな食べ物は？　フルネームを漢字で書けますか？　など、意外と知らないことが多いものです。家族のように、スタッフには時には厳しく、愛情深く育てていきましょう。

スタッフをあなたのファンにしよう

お客様のファンづくりをしようとする前に、まずスタッフをあなたのファンにしましょう。身近にいる人を魅了することができなければ、お客様をファンにするなんてとても無理なことです。それでは、どうすれば人をファンにできるのでしょうか？

「雑貨が大好き」という情熱、よいお店づくりへの想い、成長したいという想い、厳しさと優しさ……など、自分なりに考えて実践することで、あなた自身もオーナーとして、人間として、磨かれていくに違いありません。

そうです。実はスタッフというのは、オーナーを大きく成長させてくれる大切な存在なのです。

オーナーは
スタッフの「お父さん」であり、「お母さん」

Q1
どんな「大人」に
成長して
ほしいですか？

Q2
「目標」と「目的」は
共有して
いますか？

Q3
これはしては
いけないということが
明確ですか？

Q4
「子ども
（＝スタッフ）」の
ことをどれくらい
知っていますか？

Q5
スタッフは
あなたのことが
大好きですか？

Q6
あなたは
スタッフのことが
大好きですか？

lesson 08

あなたが2店舗目を決意するとき

お客様のための2店舗目の出店

あなたが2店舗目を出したいと決意するのは、どんなときでしょうか？　あなたのお店が人気になると必ずお客様から聞こえてくるのは、「家の近くにあったらいいな」という声です。人気の雑貨屋さんであるほど、お客様は「ここにしかない」商品や人、雰囲気を求めてお店にいらっしゃいます。人気店の中には毎回車で1時間ほどかけて来店するお客様がたくさんいる雑貨屋さんもあるほどです。

2店舗目の出店を決めた、あるオーナーはこうおっしゃっていました。

「地元のお客様でも、小さなお子さんのいらっしゃるようなママさんは買い物だけでも本当に大変。毎回お店に来ていただけるのはとてもうれしいけど、本当に申し訳なくて……。お客様に来ていただくのではなくて、こちらからお客様に寄り添うために、2店舗目の出店を決めました！」

お客様のご要望をお伺いするうちに、いまでは5店舗までお店が増えていったそうです。

雑貨屋さんの楽しさをもっと伝えよう！

一方で、お店を増やすことを「うちは拡大志向ではないので……」というオーナーもいます。

もちろん、ライフスタイルに応じていろいろなやり方はあります。しかし、もしチャンスがあるならば、ぜひ2店舗目にチャレンジしていただきたいのです。

2店舗目ができることで、仕事量も難易度、苦労（？）も2倍になります。でも、楽しさは2倍以上です！

それは、「あなたのお店」のファンがもっともっとたくさん増えて、たくさんのお客様にあなたのお店の楽しさを伝えることができると気づくからです。

そして、その仕事を通して、もっともっと成長して、周囲を元気にする輝く女性をめざしていってください。

あなたが輝けば、お店はもっとよくなる!

Fax 03-6212-2940 佐橋宛

本書に掲載されている「雑貨店開業用！記入式ワークシート」を無料プレゼント！

メールで送付します

本書をお買い上げいただきまして、ありがとうございました。
本書に掲載されている開業までのチェックリストや初期投資一覧など記入式ワークシートをデータでプレゼントいたします。パソコンでそのまま使えるスグレものです。ぜひお気軽にお申込みください。

ご注意

・郵送でのお申込みは受け付けておりません。
・下記メールアドレスが不明確な場合、送信できない場合があります。

お名前：

E-mail：　　　　　　　　　　@

◆チェックをお入れください。

☐ 雑貨店開業が決定している

☐ 雑貨店開業を予定・検討している

☐ 雑貨店開業予定はいまのところない

◆感想をご記入ください。

この用紙をコピーしてご利用ください

著者略歴

佐橋 賢治（さはし　けんじ）

株式会社船井総合研究所　シニア経営コンサルタント

1975年、愛知県小牧市生まれ。同志社大学を卒業後、百貨店に入社。婦人服売場のセレクトショップのバイイングなどを経て、小売業のプロフェッショナル達が多数在籍する株式会社船井総合研究所に入社。雑貨店を専門とし、生活雑貨店、和雑貨店、家具店、エスニック雑貨店、みやげ物店など様々な業態の売上アップ・リニューアル・新店開発に携わってきた。過去に携わった実績は個人オーナー店から全国チェーン店まで350店舗以上になり、日本でもトップクラスの実績。「小売業が元気になれば、日本が元気になる」をモットーに、雑貨店オーナーの「想い」を「利益」に変える雑貨店経営の強い味方として、北海道から沖縄まで日々全国のクライアント先へ飛び回っている。

■ブログ「船井総研発！雑貨店業績アップの王道」
http://ameblo.jp/sahashi/
■無料メールマガジン「雑貨店業績アップレポート」
http://www.funaisoken.co.jp/site/column/column_1297143452_0.html
※船井総合研究所の公式ＨＰからお申し込みいただけます。
※バックナンバーもこちらからご覧いただけます。

【連絡先】
株式会社船井総合研究所
東京都千代田区丸の内1-6-6
日本生命丸の内ビル21階
TEL 03-6212-2921
FAX 03-6212-2940
sahashi@funaisoken.co.jp

はじめよう！　小さな雑貨屋さん

平成24年6月14日　初版発行
平成27年8月17日　2刷発行

著　者——佐橋賢治
発行者——中島治久
発行所——同文舘出版株式会社

東京都千代田区神田神保町1-41　〒101-0051
営業（03）3294-1801　編集（03）3294-1802
振替00100-8-42935　http://www.dobunkan.co.jp

ISBN978-4-495-59761-0
印刷／製本：シナノ
Printed in Japan 2012